Juliane Heide
Theresa Heide

Whistleblowing im Wandel

Das Loyalitätsdilemma bei der Offenbarung
von Missständen in der Privatwirtschaft

Heide, Juliane / Heide, Theresa: Whistleblowing im Wandel.
Das Loyalitätsdilemma bei der Offenbarung von Missständen in der Privatwirtschaft,
Hamburg, Igel Verlag RWS 2018

Buch-ISBN: 978-3-95485-367-0
PDF-eBook-ISBN: 978-3-95485-867-5
Druck/Herstellung: Igel Verlag RWS, Hamburg, 2018

Bibliografische Information der Deutschen Nationalbibliothek:
Die Deutsche Nationalbibliothek verzeichnet diese Publikation in der Deutschen
Nationalbibliografie; detaillierte bibliografische Daten sind im Internet über
http://dnb.d-nb.de abrufbar.

© Igel Verlag RWS, Imprint der Diplomica Verlag GmbH
Hermannstal 119k, 22119 Hamburg
http://www.diplomica.de, Hamburg 2018
Printed in Germany

Inhaltsverzeichnis

Abkürzungsverzeichnis

Abs.	Absatz
AG	Amtsgericht
AiB	Arbeitsrecht im Betrieb
AO	Abgabenordnung
AktG	Aktiengesetz
ArbG	Arbeitsgericht
ArbRAktuell	Arbeitsrecht Aktuell
Art.	Artikel
AuA	Arbeit und Arbeitsrecht
AuR	Arbeit und Recht
BAG	Bundesarbeitsgericht
BAMF	Bundesamt für Migration und Flüchtlinge
BB	Betriebs-Berater
BDSG	Bundesdatenschutzgesetz
BDSG-E	Bundesdatenschutzgesetz-Entwurf
BGB	Bürgerliches Gesetzbuch
BVerfG	Bundesverfassungsgericht
CCZ	Corporate Compliance Zeitschrift
DB	Der Betrieb
DS-RL	Datenschutz-Richtlinie
DS-GVO	Datenschutz-Grundverordnung
EGMR	Europäischer Gerichtshof für Menschenrechte
EMRK	Europäische Menschenrechtskonvention
EU	Europäische Union
EuGH	Europäischer Gerichtshof
EuZA	Europäische Zeitschrift für Arbeitsrecht

f.	folgend (e, r)
ff.	fortfolgende
FS	Festschrift
GG	Grundgesetz
GWR	Gesellschafts- und Wirtschaftsrecht
h.M.	herrschende Meinung
JZ	Juristen Zeitung
KAGB	Kapitalanlagegesetz
KWG	Kreditwesengesetz
LAG	Landesarbeitsgericht
LG	Landgericht
MDK	Medizinischer Dienst der Krankenkassen
MMR-Aktuell	Multi Media und Recht-Aktuell
MSchrKrimm	Monatsschrift für Kriminologie und Strafrechtsreform
NEJM	The New England Journal of Medicine
n.F.	neue Fassung
NJOZ	Neue Juristische Online Zeitschrift
NJW	Neue Juristische Wochenschrift
NSA	National Security Agency
NStZ	Neue Zeitschrift für Strafrecht
NZA	Neue Zeitschrift für Arbeitsrecht
NZA-RR	Neue Zeitschrift für Arbeitsrecht-Rechtsprechungs-Report
NZG	Neue Zeitschrift für Gesellschaftsrecht
OECD	Organisation for Economic Cooperation and Development

RdA	Recht der Arbeit
RdTW	Recht der Transportwirtschaft
RGBL	Reichsgesetzblatt
RIW	Recht der internationalen Wirtschaft
RL	Richtlinie
Rspr.	Rechtsprechung
SGb	Sozialgerichtsbarkeit
SOX	Sarbanes-Oxley Act
StGB	Strafgesetzbuch
UWG	Gesetz gegen den unlauteren Wettbewerb
VAG	Versicherungsaufsichtsgesetz
Web JCLI	Web Journal of Current Legal Issues
ZHR	Zeitschrift für das gesamte Handelsrecht und Wirtschaftsrecht
ZIS	Zeitschrift für Internationale Strafrechtsdogmatik
ZPO	Zivilprozessordnung
ZRP	Zeitschrift für Rechtspolitik
ZWeR	Zeitschrift für Wettbewerbsrecht

Von einer Auflistung gängiger Abkürzungen wurde abgesehen.

"Der größte Lump im ganzen Land,

ist und bleibt der Denunziant."[1]

-Hoffmann von Fallersleben-
(Deutscher Hochschullehrer für Germanistik)

---

[1] Casper in: du Plessis / Großfeld / Luttermann / Saenger / u.a., German Corporate Governance in International and European Context, 2017, Seite 500; Buchert in: Hauschka / Moosmayer / Lösler, Corporate Compliance, 2016, § 42, Rn. 2; Löw, BB 2008, Seite 1449.

A. Einleitung

Forst beschreibt das Thema *Whistleblowing* mit den Worten: *„Das Whistleblowing ist kein Kind unserer Zeit"* womit er nicht Unrecht hat.[2] Bereits im Jahre 1610 verwendete *William Shakespeare* in der Uraufführung seines Werkes *„Das Wintermärchen"* in welchem der Sohn des alten Schafhirten im vierten Akt des Stückes die Frage stellte: *„When are you going to (...) whistle off these secrets?"* als Metapher. [3]

Heute kommt dem Thema eine hohe Aufmerksamkeit zu und der schillernde Begriff des *Whistleblowing* ist in aller Munde bekannt, selbst wenn das Suchen von Handlungs-empfehlungen im Sand verläuft. Die einen werten Whistleblowing als *Zivilcourage*, für die anderen sind es *Nestbeschmutzer*.[4]

Aktuell kann in diesem Zusammenhang auf die *Medienschlagzeilen* im Frühjahr 2018 in Bremen verwiesen werden.[5] Hier wurden in der Öffentlichkeit die Missstände des *Bundesamts für Migration und Flüchtlinge (BAMF)* wegen massenhaften Asylmissbrauchs durch die Presse aufgedeckt. Vorliegend kam es in ca. 1.200 Fällen zu manipulierten Asylverfahren, welche zu Unrecht bewilligt wurden. *Josefa Schmid,* eine Mitarbeiterin des Amts brachte die Affäre ans Tageslicht und zeigte die Verstöße an.[6] Bereits 2014 gab ein anderer Mitarbeiter in diesem Zusammenhang einen Hinweis ab, dass zu prüfen ist, ob *„nach Recht und Gesetz entschieden wird oder hier eher sachfremde Erwägungen eine Rolle spielen",* was jedoch ignoriert wurde.[7] Derzeit ermittelt die *Staatsanwaltschaft* in der BAMF-Affäre gegen *Ulrike Bremermann* und *fünf weitere Beschuldigte,* darunter auch *Anwälte.* Bundesinnenminister *Horst Seehofer (CSU)* teilte im Mai 2018 mit, dass die Bremer Dienststelle derzeit keine Asylentscheidungen mehr trifft

---

[2]   Forst, NJW 2011, Seite 3477, 3478.
[3]   Shakespeare, The Winter´s Tale, 4. Aufzug, 4. Szene,
      https://www.nytimes.com/1983/02/06magazine/on-language-blowing-my-whistle.html
      (aufgerufen am 30.06.2018).
[4]   Abraham, ZRP 2012, Seite 11 ff.
[5]   http://www.spiegel.de/politik/deutschland/bamf-affaere-chronologie-der-vorgaenge-in-bremen-a-
      1208900.html (aufgerufen am 29.07.2018).
[6]   https://www.focus.de/politik/deutschland/bamf-skandal-im-news-ticker-bremer-bamf-soll-wieder-
      ans-netz-ex-leiterin-reicht-verfassungsbeschwerde-wegen-versetzung-ein_id_9293157.html
      (aufgerufen am 29.07.2018).
[7]   https://www.zeit.de/politik/deutschland/2018-06/bamf-affaere-asylverfahren-mitwisser-bremen-
      fuehrungskraefte (aufgerufen am 29.07.2018).

und das der Skandal sachgerecht und umfassend aufgearbeitet wird und starke Konsequenzen für alle Mitwisser hat.[8]

Dieses Beispiel zeigt, dass Whistleblowing in unserer demokratischen Gesellschaft zur Anprangerung und Aufklärung von Missständen beiträgt und einen essentiellen Bestandteil in unserer Gesellschaft und Unternehmenskultur darstellt.

Blickt man in das Jahr 1972. Hier wurde am 17.06. im Watergate Hotel in Washington D.C. von einem Wachmann des Gebäudekomplexes die Polizei alarmiert. Der Grund dafür resultierte aus dem Umstand, dass fünf Personen in Anzug und Krawatte durch einen Einbruch versuchten, Wanzen im Wahlkampfbüro der Demokratischen Partei anzubringen – womit der Auftakt für die *Watergate-Affäre*[9] und der Anfang vom Ende für den US-amerikanischen Politiker *Richard Nixon* und seine Präsidentschaft verbunden war. In dieser besagten Nacht wurde einer der größten politischen Skandale in der US-Geschichte aufgedeckt.

Mit einer Verzögerung von zwei bis drei Jahrzehnten, erreichte die Thematik schließlich auch Deutschland und es ließ sich feststellen, dass das Thema *Whistleblowing* auch hier zweifelsfrei ein Teil unserer gesellschaftlichen Realität geworden ist. Denkt man nur einmal an den *spektakulären* Whistleblowing-Fall der Amtstierärztin *Margit Herbst*,[10] welche einen Fleischskandal öffentlich machte und daraufhin entlassen wurde.[11] Durch großes Aufsehen in den Medien Mitte der 90er Jahre, hat dieser Fall „*einen Stein ins Rollen gebracht.*"

Nicht unerwähnt darf in diesem Zusammenhang der Fall von *Brigitte Heinisch*[12] aus dem Jahr 2011 bleiben. Hier hatte erstmals der *Europäische Gerichtshof für Menschenrechte (EGMR)* die Möglichkeit, sich zu Arbeitnehmeranzeigen auf Grundlage der deutschen Rechtsprechung zu äußern. Ohne an dieser Stelle bereits Informationen vorweg zu nehmen, brachte der Fall *Heinisch* eine interessante Kehrtwende in der Geschichte der Rechtsprechung mit sich, weshalb dieser in der vorliegenden Arbeit detailliert beleuchtet

---

[8] http://www.spiegel.de/politik/deutschland/bamf-affaere-chronologie-der-vorgaenge-in-bremen-a-1208900.html (aufgerufen am 29.07.2018).
[9] Buchert in: Hauschka / Moosmayer / Lösler, Corporate Compliance, 2016, § 42, Rn. 1.
[10] LAG Schleswig-Holstein, Urteil vom 15.11.1995 – 3 Sa 404/95.
[11] Simon / Schilling, BB 2011, Seite 2421, 2422; Deiseroth / Derleder, ZRP 2008, Seite 248.
[12] EGMR Straßburg, Urteil vom 21.07.2011 – Beschwerde Nr. 28274/08, Heinisch ./. Deutschland.

wird. Genau dieses *EGMR-Urteil* und der *Entwurf einer EU-RL zum Whistleblower-Schutz* gaben den Verfasserinnen der vorliegenden Arbeit Anlass dazu, sich mit dem aktuellen Thema *Whistleblowing* und dessen Zulässigkeit in der Privatwirtschaft näher zu beschäftigen bzw. diesen Themenbereich kritisch zu hinterfragen.

Dreht man die Zeit weiter und verlässt Europa, so gelangt man in das Jahr 2013, in welchem der Ex-NSA-Mitarbeiter *Edward Snowden* prekäre Details über weltweite Spionage, ausgehend von US-amerikanischen Geheimdiensten, enthüllte. Durch diese Enthüllung wurde ein internationaler Spionage-Thriller in der Geschichte aufgedeckt, weil hier andere Staaten auf allen Ebenen über einen längeren Zeitraum hinweg, abgehört und durchleuchtet wurden. Da diese Rechtsproblematik den Umfang der vorliegenden Arbeit jedoch deutlich überschreiten würde, kann diese Thematik nur am Rande angesprochen werden und wird stiefmütterlich behandelt.

Eins kann jedoch gesagt werden, weder *Herbst, Heinisch* noch *Snowden* können als *einfache Informanten, Kriminelle* oder *Hochverräter* eingestuft werden.[13] Genau diese Personen sind es nämlich, welche einen Sonderstatus in unserer heutigen Gesellschaft genießen, da sie als sogenannte *Whistleblower* bezeichnet werden und einen unüberschaubaren Komplex an ungeklärten Fragen aufwerfen.[14]

I. Wissenschaftlicher Untersuchungsgegenstand und Problemaufriss

Dieses Buch befasst sich vorliegend mit der Untersuchung des Themas: *„Whistleblowing im Wandel – Das Loyalitätsdilemma der Offenbarung von Missständen in der Privatwirtschaft."* In diesem Zusammenhang soll geklärt werden, ob der Verhältnismäßigkeitsgrundsatz: *„Whistleblowing ist zulässig, solange es nicht unverhältnismäßig ist"*[15] davor abschreckt, ein vermeintlich zustehendes Recht auszuüben oder ob es schlichtweg der schlechte Ruf von *Whistleblowing* ist, der dem Thema in der Praxis entgegensteht.

---

[13] Alle genannten Begriffe und Bezeichnungen werden in der vorliegenden Arbeit geschlechtsneutral verwendet, es sollen sowohl männliche als auch weibliche Personen erfasst werden.
[14] Lelley, Compliance im Arbeitsrecht - Leitfaden für die Praxis, 2010, Rn. 484.
[15] Deiseroth in: Müller-Heidelberg / Finckh / Steven / Habbe / u.a., Grundrechte-Report 2005, Seite 90, 94.

Bereits das *Reichsarbeitsgericht*[16] hat sich mit der Thematik beschäftigt und bis heute ist die Debatte um die rechtliche Bewertung des Begriffs Whistleblowing noch immer nicht ausgestanden.

Nicht selten kommt es zu dem Fall, dass Arbeitnehmer in ihrem beruflichen Umfeld Kenntnisse von betrieblichen Rechtsverstößen oder sonstigen sozialschädlichen Verhaltensweisen ihres Arbeitsgebers erlangen und sich offene Fragen ergeben. Die wohl beliebteste Frage lautet:

- *Wie gehe ich mit dieser Situation um und wie ist das Dilemma zu lösen?*

Sollte es hier zur Anwendung des altbekannten Sprichworts: *„Reden ist Silber, Schweigen ist Gold"*[17] kommen oder ist genau eine solche Einstellung die falsche?

Weitere klärungsbedürftige Fragen in diesem Zusammenhang sind beispielsweise:

- *Was unterscheidet einen Whistleblower von einem schlichten Informanten?*
- *Kann es sein, dass hier eine moralische Verpflichtung gegenüber der Öffentlichkeit besteht, diese über unmoralische Tätigkeiten in Unternehmen zu unterrichten?*
- *Erscheint es legitim, wenn Arbeitgeber auf Whistleblowing mit der härtesten Sanktion des Arbeitsrechts, der sogenannten „Vergeltungskündigung"*[18] *reagieren?*
- *Welche Kriterien hat die Rechtsprechung in diesem Zusammenhang zur Thematik Whistleblowing entwickelt?*

Genau diese Fragen sind es, welche vorliegend das Problem darstellen und anhand der Entwicklung zur Rechtsprechung untersucht werden müssen. Der Schwerpunkt wird dabei auf der deutschen Rechtsprechung und auf dem Melden von Missständen im Arbeitsrecht liegen, angefangen bei der *historischen Rechtsprechung*[19] des königlichen LG I zu Berlin

---

[16] RAG, Urteil vom 01.11.1930 – 192/30; Forst, NJW 2011, Seite 3477, 3478.
[17] https://www.redensarten-index.de/suche.php?suchbegriff=~~Reden%20ist%20Silber,%20Schweigen %20ist%20Gold&bool=relevanz&gawoe=an&suchspalte%5B%5D=rart_ou&suchspalte%5B%5D=rart_ varianten_ou (aufgerufen am 29.07.2018).
[18] v. Busekist / Fahrig, BB 2013, Seite 119, 120.
[19] Deutsches Reichsgesetzblatt 1901, Seite 121; Paschke / Jessen, RdTW 2015, Seite 1, 5.

aus dem Jahr 1901 bis hin zum *Kurzarbeiter-Fall*[20] aus dem Jahr 2012 vor dem LAG Schleswig-Holstein.

Wie der Titel des Buches bereits verrät, liegt der Schwerpunkt der gewonnenen Erkenntnisse vorliegend in der Privatwirtschaft, sprich es kommt zu dem klassischen Fall, dass ein Arbeitnehmer ein strafbares Verhalten seines Arbeitgebers zur Anzeige bringt. Diese Eingrenzung hat zur Folge, dass Whistleblowing von Beschäftigten im öffentlichen Dienst und außerhalb von Deutschland aufgrund des Umfangs der Arbeit, nur am Rande beleuchtet werden kann und Vorschriften aus anderen Ländern nur vergleichsweise und beispielhaft herangezogen werden.

II. Zielsetzung und Aufbau der Arbeit

Das Ziel der vorliegenden Arbeit besteht darin, der Begriffsherkunft auf den Grund zu gehen und im Anschluss den Begriff *Whistleblowing* zu bestimmen. Weiter wird zwischen der Abgrenzung eines herkömmlichen Informanten und eines tatsächlichen Whistleblower unterschieden. Vorab kann bereits gesagt werden, dass dabei die moralische Bewertung des Whistleblowing in unserer Gesellschaft breitgefächert ist und von äußerst tugendhaft bis zu einer Immoralität reicht. In diesem Zusammenhang wird der Spagat aufgezeigt, warum Whistleblower auf der einen Seite als *Kriminelle* und *Verräter* und auf der anderen Seite als *wahrheitsliebende* und *mutige Menschen*, welchen das Wohlergehen anderer Menschen wichtiger ist als ihr eigenes, eingestuft werden. Ein weiterer Schwerpunkt der Arbeit liegt im Bereich der *Ursachenfindung*, sprich warum Whistleblower den Schritt wagen, heikle Informationen an die Öffentlichkeit zu tragen, da gerade dieser Entschluss des Enthüllens von hochbrisanten Informationen seinen Preis hat und meist negative Konsequenzen mit sich bringt.

Betrachtet man in diesem Zusammenhang die Kehrseite der Medaille, so kann auch gerade die Hemmung der Angst, heikle Informationen nach außen hin zu äußern dazu führen, sich gegen das Whistleblowing in unserer Gesellschaft zu entscheiden und das *Reden auf eigene Gefahr* zu unterlassen. Auch diese Sichtweise betroffener Personen wird vorliegend aufgezeigt und diskutiert.

---

[20] LAG Schleswig-Holstein, Urteil vom 20.03.2012 – 2 Sa 331/11.

Im weiteren Verlauf der Arbeit werden verschiedene *Möglichkeiten zum Aufdecken* von Fehlverhalten beleuchtet, es wird auf die unterschiedlichen *Formen* von Whistleblowing eingegangen und auf *Rahmenbedingungen* aus dem *arbeitsrechtlichen Bereich.* Die Grundlage dafür bildet die ergangene Rechtsprechung aus dem *nationalen* Rechtsraum unter der Berücksichtigung von Grundrechten sowie vertraglich bestehende Haupt- und Nebenleistungspflichten aus dem Arbeitsvertrag.

Mit Fokussierung auf die deutsche Rechtsprechung wird der *Heinisch-Fall*[21] im Detail aufgezeigt, die *Resonanz* und die *Folgen* des Urteils erläutert sowie kritisch bewertet. Im Anschluss wird die Frage geklärt, warum Gerichte in der Vergangenheit bei Whistleblowing-Fällen immer zu *gegensätzlichen Entscheidungen* gekommen sind.

Daran anknüpfend wird die Frage nach dem *Erfordernis einer gesetzlichen Regelung* für Deutschland diskutiert. In diesem Zusammenhang wird auf das *Loyalitätsdilemma* in unserer Privatwirtschaft von heute eingegangen, es werden verschiedene mögliche Reformbestrebungen für Deutschland aufgezeigt und es wird ein selbstentwickelter Gesetzesentwurf zum Whistleblower-Schutz *de lege ferenda* vorgestellt. Der Grund dafür resultiert aus dem Umstand, dass die *Verfasserinnen* die Auffassung vertreten, den Gerichten nicht weiter die Auslegungs- und Abwägungsarbeit bei Whistleblowing-Fällen nach dem Motto: *„We are under a Constitution, but the Constitution is, what the judge say it is"*[22] überlassen zu wollen. Anstatt zuzuschauen, bedarf es 2018 Taten der rechtlichen Umsetzung, die durch Erfolg gekrönt werden und Rechtssicherheit für alle Betroffenen bieten.

Ferner werden weitere *Maßnahmen* vorgestellt, welche bereits in anderen Ländern zu diesem Thema existieren.

Bevor es zu einem Ausblick auf *EU-Ebene* kommt, wird am Rande kurz aufgezeigt, ob das Thema Whistleblowing eine Verbindung zu *Gender Equality* aufweist und ob *Compliance-Systeme* in Unternehmen hilfreich und zielführend sind.

---

[21] EGMR Straßburg, Urteil vom 21.07.2011 – Beschwerde Nr. 28274/08, Heinisch ./. Deutschland.
[22] Charles Evans Hughes (US-amerikanischer Politiker und Jurist),
   https://soapboxie.com/government/Hughes-Hubris (aufgerufen am 06.07.2018).

Abschließend erfolgt am Ende der Arbeit eine *Zusammenfassung* der gewonnenen Ergebnisse in Thesenform mit anschließender *persönlicher Selbsteinschätzung* zum Thema *Whistleblowing* durch die *Verfasserinnen.*

B. Begriffsbestimmung Whistleblowing

I. Herkunftsland

Zunächst ist es wichtig zu klären, wo der Begriff Whistleblowing seinen Ursprung hat. Die Begrifflichkeit stammt aus dem angloamerikanischen Rechtskreis des *common law* und kann mit den Worten: *to blow a whistle on*,[23] übersetzt werden, was soviel bedeutet wie: *jemanden verpetzen* oder *verpfeifen*. Dabei zeigt sich, dass die Übersetzung die eigentliche Bedeutung eines Whistleblower verfehlt.[24] Mittlerweile wurde die Begrifflichkeit im deutschen Sprachgebrauch etabliert.[25]

II. Definition

Weiter bedarf es einer Begriffsdefinition.

Im Allgemeinen beißt man an dieser Stelle jedoch schon auf Granit. Der Grund dafür ergibt sich aus der Tatsache, dass es bis heute keine allgemein gültige und akzeptierte Definition zur Begrifflichkeit von *Whistleblowing* gibt, sondern lediglich Übersetzungen existieren.[26] Von der deutschen Rechtsprechung wird der Terminus sogar erst seit dem Jahr *2003* verwendet.[27]

Die *Verfasserinnen* der vorliegenden Arbeit haben sich dem Problem angenommen und sich zum Vorsatz gemacht, eine Begriffsdefinition *step by step* selbständig zu erarbeiten. Dabei wurde die Definition mit Hilfe von charakteristischen Eigenschaften nachfolgend selbst ausformuliert.

---

[23] Buchert in: Hauschka / Moosmayer / Lösler, Corporate Compliance, 2016, § 42, Rn. 2.
[24] Thüsing / Forst in: Thüsing, Beschäftigtendatenschutz und Compliance, 2014, § 6, Rn. 2; v. Busekist / Fahrig, BB 2013, Seite 119, 120; Deiseroth / Derleder, ZRP 2008, Seite 248; Reiter, RIW 2005, Seite 168; Bürkle, DB 2004, Seite 2158.
[25] Müller, NZA 2002, Seite 424, 426.
[26] Leisinger, Whistleblowing und Corporate Reputation Management, 2003, Seite 26 ff.; OECD, G20 Anti-Corruption Action Plan: Protection of Whistleblower, 2011, Seite 7, https://www.oecd.org/g20/topics/anti-corruption/48972967.pdf (aufgerufen am 31.07.2018).
[27] BAG, Urteil vom 03.07.2003 – 2 AZR 235/02.

In Bezug auf die Ausformulierung einer allgemeinen Definition für *Whistleblower*, wurden folgende Kriterien berücksichtigt:

- Brisanz der Enthüllungen *(revealing wrongdoing)*,
- Alarmschlagen des Whistleblower *(going outside)*,
- Uneigennützigkeit der Motive *(serving the public interest)*,
- Inkaufnahme von Risiken und Nachteilen *(risking retaliation)*.

Unter Berücksichtigung der genannten Kriterien vertreten die *Verfasserinnen* die Auffassung, dass eine arbeitsrechtliche Definition wie folgt aussehen könnte:

„Ist die Rede von Whistleblowing, so ist hiervon eine willentliche, nicht verpflichtende Offenlegung von Vorgängen in einem Unternehmen betroffen, welche illegale oder in nicht trivialer Weise illegitime oder unmoralische Handlungen im Verantwortungsbereich der Organisationsführung umfasst und auf welche Mitarbeiter im Rahmen ihrer Tätigkeit aufmerksam geworden sind. Dabei handelt es sich um einen Prozess, bei dem eine Person im guten Glauben einen Missstand nicht aus der eigenen Macht heraus beseitigt, sondern sich einer Offenlegungsmethode bedient, um sich gegen eine Person oder eine Organisation zu stellen. "[28]

Im Vergleich zu einem *Kronzeugen*, ist ein Whistleblower regelmäßig nicht in den Missstand verstrickt, sondern vielmehr ein unbeteiligter Dritter, welcher Zeuge eines Rechtsverstoßes wird. Zu einem Whistleblower wird eine Person, welcher mit einem privilegierten Status innerhalb des Unternehmens der Zugang zu sensiblen Informationen und Daten ermöglicht wird. Dabei spielen die Motive keine Rolle, da die Handlung aus einem persönlichen Loyalitätsempfinden erfolgt und ein Pflichtgefühl gegenüber der Allgemeinheit besteht.

---

[28] Eigene Begriffsdefinition der Verfasserinnen.

III. Unterscheidung zwischen Informant und Whistleblower

Weiter ist es wichtig, die Abgrenzung zwischen einem *Informanten* und einem *Whistleblower* zu kennen.[29] An dieser Stelle muss geklärt werden, ob Überschneidungen bei den Begrifflichkeiten existieren und an welchen bestimmten Merkmalen Unterschiede festzumachen sind. Um die erforderliche Abgrenzung vorzunehmen, wird zur Verdeutlichung vorliegend ein Vergleich von zwei selbst kreierten Extrema aufgezeigt.

Stellt man sich auf der einen Seite ein ehemaliges *Mafia-Mitglied* eines Verbrecher-syndikats vor und auf der anderen Seite ein *Mitglied eines Geheimdienstes.*

Beurteilt man zunächst die Handlung des ehemaligen *Mafia-Mitglieds,* welcher im Zuge eines Kronzeugenprogramms das Schweigen über die vorgenommenen illegalen und illegitimen Aktivitäten seiner Ex-Kollegen und gegenüber seiner Organisation Preis gibt, so wird schnell deutlich, dass es sich hierbei unverkennbar um einen *Informanten* handelt.

Strickt man den Fall auf ein *Mitglied eines Geheimdienstes* um, so wird die Person mit seinem Brechen des Schweigens über illegale und illegitime Aktivitäten von früheren Kollegen und seiner einstigen Organisation als *Whistleblower* eingestuft, wie es beispielsweise bei *Edward Snowden* und dem *NSA-Skandal* der Fall war.

Durch die aufgezeigten Beispiele soll deutlich werden, welche Gemeinsamkeiten hier auf der Hand liegen und warum dennoch Unterscheidungen zwischen *Informanten* und *Whistleblowern* gemacht werden.

---

[29] Kölbel / Herold, MSchrKrimm 2010, Seite 424, 425.

In diesem Zusammenhang ist interessant zu erfahren:

- *Ist eine Einstufung als Informant oder als Whistleblower mit mehr negativen Konsequenzen verbunden und kann es rechtlich richtig sein, eine Unterscheidung vorzunehmen?*

- *Inwieweit macht es einen Unterschied, ob ich Geheimnisse als ehemaliges Mafia-Mitglied oder als NSA-Mitglied offenbare – an das Scheinwerferlicht gelangen die Missstände doch in beiden Fällen, um in unserer Gesellschaft für Gerechtigkeit zu sorgen!*

Bei genauerer Betrachtung der beiden Fallbeispiele handeln die Betroffenen augenscheinlich in ähnlichen Situationen auf die gleiche Art und Weise. Dennoch unterscheidet sich die Begrifflichkeit zwischen einem *Informanten* und einem *Whistleblower* und schließen eine gleichwertige Verwendung aus. Das Unterscheidungsmerkmal ergibt sich dabei aus den betroffenen Organisationen.

Das Ex-Mafia-Mitglied, sprich der *Informant,* liefert der Polizei die fehlenden Beweise mit dem Ziel, den Anführer und somit das Syndikat für die Zukunft aus dem Verkehr zu ziehen.

Beim NSA-Fall wird deutlich, dass die von einem *Whistleblower* denunzierte Organisation einen sogenannten *Nimbus moralischer Makellosigkeit* genießt, wovon i.d.R. auch gleichzeitig der Unternehmenserfolg abhängt. Aus juristischer Sicht betrachtet, sind es nicht die Konsequenzen, welche ein Unternehmen grundlegend schädigen, es sind vielmehr entstehende Reputationseinbußen.

In *Deutschland* ist die Begrifflichkeit *Whistleblowing* eher *negativ* konnotiert, im *angloamerikanischen Rechtsgebiet* hingegen vielmehr *wertneutral* angesiedelt. Ein Großteil der Bevölkerung stuft das Verhalten eines Whistleblower heutzutage als einen *Verrat* ein, sprich einen Bruch der *Loyalität* gegenüber dem *Unternehmen,* der *Organisation* oder der *Gesellschaft.*

IV. Ursachen für Whistleblowing

Nachdem die Unterscheidung zwischen einem Informanten und einem Whistleblower verdeutlicht wurde, stellt sich sogleich die Anschlussfrage:

- *Woraus ergeben sich für Betroffene Ursachen und Beweggründe bzw. wodurch wird die Entscheidung in einem Menschen ausgelöst, zu einem Whistleblower zu werden?*

Leisinger ist der Frage nach den Ursachen von Whistleblowing auf den Grund gegangen und hat festgestellt, dass allen Whistleblowern *keine* gemeinsamen Charakteristika zuzuordnen sind.[30] Daraus lässt sich schließen, dass es unmöglich ist, Menschen auf bestimmte Merkmale hin zu untersuchen, um im Nachgang festzustellen, dass die ein oder andere Person mehr dazu neigt, negative Informationen weiterzugeben und zu einem Whistleblower zu werden. *Leisinger* spricht in diesem Zusammenhang davon, *„dass es die Whistleblower-Persönlichkeit ebenso wenig gibt, wie eine typische Whistleblowing-Situation.“*[31] Diese Meinung wird auch von den Herren *Rothschild* und *Miethe* in der Literatur vertreten, sprich es existiert kein klassisch demographisches Profil eines Whistleblower.[32]

In den meisten Fällen sind es die Mitarbeiter selbst, die den Missstand als erstes im Unternehmen realisieren.[33] *Verallgemeinert* lässt sich sagen, dass Whistleblower aus (teils umstrittener) soziologischer Perspektive, im Berufsleben eher in mittleren bzw. höheren Positionen im Unternehmen angesiedelt sind und i.d.R. anspruchsvolle berufliche Aufgaben erfüllen. Je mehr *Macht, Erfahrungen, Betriebszugehörigkeit* und *Einflussmöglichkeiten* eine Person in einem Unternehmen hat, umso größer ist die Gefahr, zum Whistleblower zu werden. Diese Forschungserkenntnis kann auch dem *Report to the Nations*[34] aus dem Jahr 2018 entnommen werden. Darin ist festzustellen, dass die *Ursachen* zum Whistleblowing ganz vielschichtig sein können, beispielsweise aus

---

[30] Leisinger, Whistleblowing und Corporate Reputation Management, 2003, Seite 33.
[31] Leisinger, Whistleblowing und Corporate Reputation Management, 2003, Seite 77.
[32] Rothschild / Miethe, Whistle-Blower Disclosures and Management Retaliation, 1999, Seite 113.
[33] Lewis, Whistleblowing at Work, 2001, Seite 67.
[34] Dorris in: Report to the Nations 2018, Seite 33 ff., https://s3-us-west-2.amazonaws.com/acfepublic/2018-report-to-the-nations.pdf (aufgerufen am 05.07.2018).

altruistischen Motiven oder aus egoistischen Beweggründen.[35] Hierbei handelt es sich um einen *Prozess* und nicht um einen einzelnen *Akt*.[36]

V. Statistik

Die nachfolgende Statistik zum Thema Whistleblowing zeigt, bei welchen Szenarien Arbeitnehmer das größte Pflichtgefühl empfinden, Verstöße im Unternehmen zu melden.

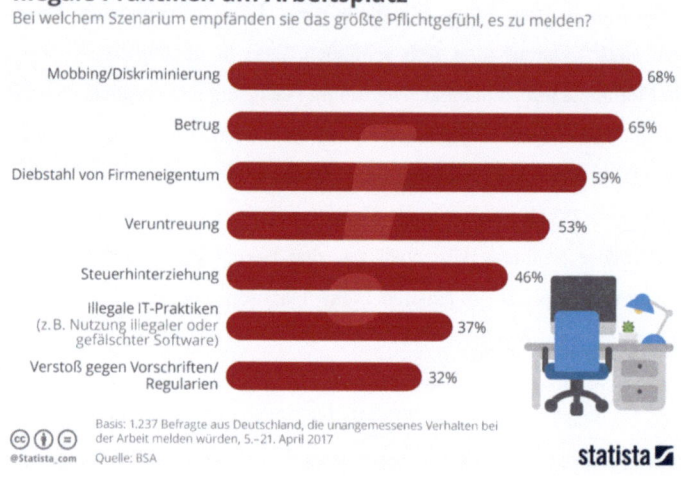

Basis: 1.237 Befragte aus Deutschland die ein unangemessenes Verhalten bei der Arbeit melden würden (05.04.2017-21.04.2017).[37]

---

[35] Miethe, Whistleblowing at Work: tough choices in exposing fraud, waste, and abuse on the job, 1999, Seite 79 ff.
[36] Leisinger, Whistleblowing und Corporate Reputation Management, 2003, Seite 31.
[37] https://de-statista-com.ezproxy.hwr-berlin.de/infografik/9822/illegale-praktiken-im-unternehmen-die-arbeitnehmer-melden-wuerden/ (aufgerufen am 10.07.2018).

VI. Möglichkeiten zum Aufdecken von Fehlverhalten

Wird in einem Unternehmen oder in einer Organisation ein Fehlverhalten entdeckt, gibt es verschiedene Möglichkeiten mit dieser Kenntnis umzugehen.

Die einfachste Vorgehensweise mit einer solchen Situation umzugehen, besteht in der *Ignorierung*.[38] Doch ist diese Verhaltensweise eines Betroffenen wirklich die einfachste Lösung? Woraus ergibt sich der Grund, dass es zum Ignorieren von Missständen kommt? Überwiegt hier die *Angst* vor negativen Konsequenzen, beispielsweise dem *Verlust* des Arbeitsplatzes im Unternehmen?

Eine weitere Möglichkeit ist der Fall einer *Partizipation*.[39] Darunter versteht man, dass die betroffene Person an dem Fehlverhalten selbst teilnimmt, um so absichtlich etwaigen *Ausgrenzungen* entgegen zu wirken. Diese Möglichkeit erscheint auf den ersten Blick unmoralisch zu wirken, jedoch durchaus *menschlich*, *vertretbar* und *vorstellbar*. Hierbei spielen Faktoren wie *Gruppenzwang* oder *Angst* vor weiteren negativen Konsequenzen, eine entscheidende Rolle.

Als eine dritte mögliche Option kommt die *Einmischung* in Betracht.[40] Erkennbar ist bei der Einmischung, dass mit zunehmender Schwere des Vergehens und dem zunehmenden Mitleid gegenüber den Opfern sowie dem Ausbleiben von Maßnahmen zur Fehlerkorrektur, die Tendenz zum *externen Whistleblowing* steigt. Hier ist das Mitleid stark mit dem sogenannten *Identifiable-Victim-Effekt*[41] korreliert, d.h. je näher die betroffenen Personen dem Whistleblower stehen, desto stärker fühlen sie sich betroffen und glauben ebenfalls, eine Zielscheibe auf dem Rücken zu haben.

Edward Snowden sagte einmal: „Wenn man das alles sieht, erkennt man, dass es bei Einigem nicht mit rechten Dingen zugeht. Dann wächst das Bewusstsein, dass es sich dabei um Fehlverhalten handelt. Ich bin nicht einfach morgens wachgeworden und habe entschieden, so jetzt reicht's. Das war ein schleichender Prozess."[42]

---

[38] Leisinger, Whistleblowing und Corporate Reputation Management, 2003, Seite 37.
[39] Ebenda.
[40] Ebenda.
[41] https://link.springer.com/article/10.1007/s12144-017-9570-3 (aufgerufen am 31.07.2018).
[42] MacAskill, 2013, The Guardian, https://www.theguardian.com/world/2013/jun/09/nsa-whistleblower-edward-snowden-why (aufgerufen am 22.06.2018).

VII. Erscheinungsformen

Weiter ist von Bedeutung, die verschiedenen *Formen* des Whistleblowing zu kennen.[43] Hier kommt es insbesondere auf den Adressaten der Nachricht an.

Die genaue Unterscheidung ist deshalb wichtig, da die verschiedenen Formen zwar in ihrer Grundkonstellation vergleichbar sind, jedoch nach jeweils anderen juristischen Parametern beurteilt werden müssen.[44]

1. Internes Whistleblowing

Haben Mitarbeiter in Unternehmen das Gefühl, dass Kritik willkommen ist und versucht wird Abhilfe zu schaffen, so kommt es in den meisten Fällen zum *internen Whistleblowing*, welches im Interesse des Arbeitgebers liegt. Konkret bedeutet das, dass sich der Hinweisgeber an einen Vorgesetzten oder eine Abteilung innerhalb des Unternehmens selbst wendet.[45] Der Arbeitgeber bleibt hier alleiniger Adressat,[46] sprich ihm obliegt es, den Rechtsverstoß zu beseitigen oder nicht. Wichtig an dieser Stelle ist zu wissen, dass es hierbei an einer wirksamen Kontrollinstanz fehlt.

In diesem Zusammenhang gibt es *Autoren in der Literatur* welche die Ansicht vertreten, dass eine Meldung des Missstandes um mindestens eine Organisationsebene zwischen dem Meldungsgeber und dem Meldungsempfänger übersprungen werden muss.[47] Kommt es lediglich zu einer Meldung an den direkt übergeordneten Vorgesetzen, so wäre nach dessen Ansicht nicht die Rede von einem internen Whistleblowing. Hier handle es sich einfach nur um eine *interne Risikokommunikation*. *Steigert* und *Schulz* vertreten hingegen eine gegenteilige Auffassung. Sie sind der Meinung, dass das Überspringen einer Hierarchieebene nicht zwingend erforderlich ist, jedoch sinnvoll erscheint, wenn der Vorgesetzte in der Thematik eingebunden ist.[48]

---

[43] Buchert in: Hauschka / Moosmayer / Lösler, Corporate Compliance, 2016, § 42, Rn. 7; Lipman, Whistleblower, 2012, Seite 5; Fahrig, NJOZ 2010, Seite 975, 976; Bürkle, DB 2004, Seite 2158.
[44] Reinhardt-Kasparek / Kaindl, BB 2018, Seite 1332; Eufinger, NZA 2017, Seite 619; Kölbel / Herold, MSchrKrimm 2010, Seite 424, 425; Deinert, AuR 2008, Seite 90, 91.
[45] Lipman, Whistleblower, 2012, Seite 57.
[46] Kania in: Küttner, Personalbuch 2018, Whistleblowing, Rn. 9.
[47] Berndt / Hoppler, BB 2005, Seite 2623, 2624.
[48] Schulz, BB 2011, Seite 629, 630.

Neben dem Melden an eine höhere Organisationsebene kann sich der Whistleblower an einen eingeschalteten *Rechtsanwalt*, ein *Call-Center*, eine *betriebliche Arbeitnehmervertretung* (Betriebsrat, Betriebsversammlung) oder an einen *Compliance-Beauftragten* wenden, soweit eine dieser Möglichkeiten intern vorhanden ist.[49]

Ist die Rede von einem internen Whistleblowing, so steht dieses in einem engen Zusammenhang mit der *Einrichtung eines Meldesystems* im Unternehmen und kann als Frühwarnsystem zur Abwendung von drohenden Schäden dienen.[50] Ferner hat ein internes Whistleblowing den *Vorteil*, kostengünstig und ohne Aufsehen nach außen, die Angelegenheit schnell zu beheben. Ein *Nachteil* des internen Whistleblowing ergibt sich jedoch aus der Tatsache, dass die Effektivität sehr stark von der Rechtstreue des Leitungsorgans abhängen kann. Weiter besteht die Gefahr, dass der abgegebene Hinweis intern *„versandet"* und untergeht.[51]

Dennoch kann gesagt werden, dass die Erscheinungsform des internen Whistleblowing ein Mittel zur Selbstkontrolle ist und ein *„Wegschauen"* durch den Arbeitgeber ein eigenes Strafbarkeitsrisiko begründen kann.[52]

Die *ständige Rechtsprechung des BAG*[53] zeigt dazu, dass eine Strafanzeige eines Hinweisgebers dann als pflichtwidrig anzusehen ist, wenn es der Hinweisgeber unterlassen hat, zuvor unternehmensintern auf den Missstand hinzuweisen.

Ein *interner Versuch* ist dann *zumutbar*, wenn der Arbeitgeber keine Mitwirkung an dem (angeblich) strafbaren Verhalten hat, keine Kenntnis darüber besitzt und selbst an der Aufklärung ein gewisses Interesse hat.[54] Konkret bedeutet das, dass die Entscheidung

---

[49] Reichold in: Münchner Handbuch zum Arbeitsrecht, 2018, § 54 Wettbewerbsverhalten, Rn. 42; Reinhardt-Kasperek / Kaindl, BB 2018, Seite 1332; Whistleblower-Netzwerk e.V., https://www.whistleblower-net.de/whistleblowing/whistleblowing-im-detail/formen/ (aufgerufen am 26.06.2018).
[50] Egger, CCZ 2018, Seite 126, 129; Schürrle / Fleck, CCZ 2011, Seite 218.
[51] Thüsing / Forst in: Thüsing, Beschäftigtendatenschutz und Compliance, 2014, § 6, Rn. 15.
[52] Eufinger, DB 2018, Seite 891, 896.
[53] BAG, Urteil vom 03.07.2013 – 2 AZR 235/02; Stein, BB 2004, Seite 1961, 1964.
[54] Ebenda.

immer sachverhaltsabhängig ist und einer genauen Prüfung bedarf, da eine interne Abhilfe im Unternehmen grundsätzlich Vorrang genießt.[55]

Wie so oft, gibt es jedoch auch hiervon *Ausnahmen* und unter *bestimmten Voraussetzungen* kann von dieser Regelung abgewichen werden. Hier kommt es auf den *Einzelfall* an.[56] Danach ist beispielsweise ein *interner vorangegangener Abhilfeversuch* nach BAG-Ansicht dann *entbehrlich*, wenn:

- Sich der *Arbeitnehmer selbst* der *Gefahr* der Strafverfolgung aussetzen würde,
- es sich um eine *schwerwiegende Straftat* bzw. um eine *Straftat des Arbeitgebers* selbst handelt oder
- wenn mit einer *innerbetrieblichen Abhilfe* berechtigterweise *nicht zu rechnen* ist.[57]

2. Externes Whistleblowing

Schaltet der Whistleblower eine *Behörde* ein, zeigt den Vorfall bei der *Staatsanwaltschaft* an, informiert die *Öffentlichkeit, pressestaatliche Stellen* oder *Medienunternehmen*, so handelt es sich um *externes Whistleblowing*. Diese Erscheinungsform ist als ein *Mittel der Fremdkontrolle* einzuordnen und erfolgt im Regelfall nach einem erfolglosen internen Abhilfeversuch.[58] In diesem Zusammenhang ist es wichtig, auf die Unterscheidung hinzuweisen, wenn sich ein Arbeitnehmer nicht an die zuständige Behörde wendet, sondern die Öffentlichkeit über den Missstand in Kenntnis setzt. Diese Verhaltensweise von Hinweisgebern bezeichnen verschiedene Literaturmeinungen als *„Flucht in die Öffentlichkeit."*[59] In Zeiten des modernen Medienzeitalters werden neben Presse und Printmedien davon auch Adressaten wie *YouTube, Facebook, Instagram* oder *vergleichbare Plattformen* mit eingeschlossen.[60]

---

[55] EGMR Straßburg, Urteil vom 21.07.2011 – Beschwerde Nr. 28274/08, Heinisch ./. Deutschland; Király, ZRP 2011, Seite 146, 148; Momsen / Grützer / Oonk, ZIS 2011, Seite 754, 756; Peter / Rohde-Liebenau, AuR 2004, Seite 427, 429.
[56] Rudkowski, CCZ 2013, Seite 204, 206.
[57] BAG, Urteil vom 03.07.2003 – 2 AZR 235/02; Schaub / Koch, Arbeitsrecht von A-Z, 2018, Seite 1 ff.; Lelley, Compliance im Arbeitsrecht - Leitfaden für die Praxis, 2010, Rn. 498 ff.
[58] Kania in: Küttner, Personalbuch 2018, Whistleblowing, Rn. 2; Lelley, Compliance im Arbeitsrecht - Leitfaden für die Praxis, 2010, Rn. 485; Reinhardt-Kasperek / Kaindl, BB 2018, Seite 1332; v. Busekist / Fahrig, BB 2013, Seite 119, 120.
[59] Schmidt in: Müller-Glöge / Preis / Schmidt, Erfurter Kommentar zum ArbR, 2018, Art. 5 GG, Rn. 37; Wendeling-Schröder, Autonomie im Arbeitsrecht, 1994, Seite 166 ff., 197 ff.
[60] v. Busekist / Fahrig, BB 2013, Seite 119, 120.

Dem Grundsatz nach ist die externe Form des Whistleblowing als effektiver aber schädigender einzustufen, da damit ein *Geheimnisverrat* einhergeht und sich der Hinweisgeber einem sehr hohem Risiko aussetzt. Denkbare Konsequenzen sind z.B. eine *fristlose Kündigung* oder *Schadensersatzforderungen* des Arbeitgebers.[61] Gem. § 17 UWG erfüllen Whistleblower jedoch *nicht* den Straftatbestand eines Geheimnisverrats, da sie lediglich staatsbürgerliche Rechte ausüben und demzufolge nicht wegen Geheimnisverrats bestraft werden dürfen.[62] Gerade ein Arbeitnehmer, welcher einen Rechtsverstoß im Unternehmen anzeigt und für ein rechtschaffendes Verhalten sorgt, macht sich nicht nach § 17 Abs. 1 UWG strafbar, da rechtswidrige Geheimnisse keine Unternehmens-geheimnisse i.S.d. Vorschrift darstellen. In diesem Zusammenhang muss jedoch angemerkt werden, dass lediglich staatliche Stellen, wie beispielsweise die *Polizei*, *Amtsgerichte* oder *Finanzbehörden*, für die Entgegennahme von Strafanzeigen berechtigt sind.[63]

Ein externes Whistleblowing spiegelt in diesem Zusammenhang die oben genannten *Vor- und Nachteile* des internen Whistleblowing wieder.[64] Hier ist insbesondere die Gefahr des „*Versandens*" eines Hinweises geringer, ein entstehender Reputationsschaden für das Unternehmen jedoch vorab nicht einschätzbar.[65]

---

[61] Schmitt, RdA 2017, Seite 365.
[62] Reinhardt-Kasperek / Kaindl, BB 2018, Seite 1332, 1335.
[63] Goers in: Graf, Kommentar zum StPO, 2018, § 158, Rn. 15.
[64] Thüsing / Forst in: Thüsing, Beschäftigtendatenschutz und Compliance, 2014, § 6, Rn. 15.
[65] Casper in: du Plessis / Großfeld / Luttermann / Saenger / u.a., German Corporate Governance in International and European Context, 2017, Seite 500.

C. Rechtlicher Status des Whistleblower in Deutschland

Nachfolgend wird aufgezeigt, wie Whistleblower rechtlich auf *nationaler Ebene* einzuordnen sind bzw. wie viel Schutz sie tatsächlich bis heute durch das Gesetz genießen.

Wird durch den Whistleblower ein Hinweis gegeben, so kann dieser einen *innerbetrieblichen Rechtsverstoß* herbeirufen und als eine *sonstige moralisch verwerfliche Handlung* eingestuft werden. Allgemein ist zu sagen, dass *Moral* eine vom geltenden Recht unabhängige Bewertungsinstanz ist. Dennoch orientiert sich diese in einem gewissen Maße am Recht und das Recht an ihr, was gleichzeitig zu einer Konkurrenz-situation führt.

Häufig wird der angezeigte Umstand durch den Hinweisgeber als Straftatbestand eingeordnet, oftmals handelt es sich hierbei aber meist um Deliktshandlungen, beispielsweise der *Steuerhinterziehung* (§ 370 AO), Fälle der *Untreue* (§ 260 StGB), des *Betrugs* (§ 260 StGB) oder um *Bestechungsfälle* (§ 324 ff. StGB). Weiter sind Straftaten in Bezug auf das *Umweltstrafrecht* sowie Verstöße gegen das *Wettbewerbsrecht*, den *unlauteren Wettbewerb* oder das *Arbeitsrecht* denkbar, wobei dem letzteren Rechtsgebiet nachfolgend die vollste Aufmerksamkeit geschenkt wird.

Auf deutscher Ebene existieren zum Thema Whistleblowing nur wenige gesetzliche Regelungen mit einem sehr engen Anwendungsbereich. Für einen Whistleblower ergibt sich beispielsweise aus § 17 ArbSchG (*Sicherheits-* und *Gesundheitsmaßnahmen)* ein gesetzlich geregelter Schutzbereich.[66]

§ 17 Abs. 1 ArbSchG berechtigt einen Arbeitnehmer, Vorschläge zu Sicherheitsfragen und zum Gesundheitsschutz im Unternehmen gegenüber seinem Arbeitgeber zu äußern. *§ 17 Abs. 2 ArbSchG* regelt, dass grundsätzlich vorab ein interner Hinweis angezeigt werden muss.[67] Konkret bedeutet das, erst wenn der Arbeitgeber aufgrund des Hinweises

---

[66] Wank in: Müller-Glöge / Preis / Schmidt, Erfurter Kommentar zum ArbR, 2018, Art. 17 ArbSchG, Rn. 1; Greiner in: Ascheid / Preis / Schmidt, Großkommentar zum Kündigungsrecht, 2017, § 17 ArbSchG, Rn. 8; Reinhardt-Kasperek / Kaindl, BB 2018, Seite 1332; Deiseroth / Derleder, ZRP 2008, Seite 248, 249; Stein, BB 2004, Seite 1961.

[67] Reichold in: Münchner Handbuch zum Arbeitsrecht, 2018, § 54 Wettbewerbsverhalten, Rn. 41; Greiner in: Ascheid / Preis / Schmidt, Großkommentar zum Kündigungsrecht, 2017, § 17 ArbSchG, Rn. 9; v. Busekist / Fahrig, BB 2013, Seite 119, 122.

bzgl. dem Gesundheitsschutz oder der Sicherheit im Betrieb nicht tätig wird, darf sich ein Arbeitnehmer *benachteiligungsfrei* an eine behördliche Stelle wenden.[68] Dabei ist der Arbeitsschutz zivil- und öffentlich-rechtlich ausgestaltet und die *Schwere* der Straftat unabhängig.[69]

Es wird deutlich, dass sich § 17 ArbSchG ausschließlich auf das Recht in Bezug auf *Sicherheit am Arbeitsplatz* und *Gesundheitsschutz* bezieht, was im Umkehrschluss bedeutet, dass Verstöße anderer Rechtsgebiete missachtet werden.

Ferner ergeben sich, wenn auch keine konkreten, weitere allgemeine Schutzbestimmungen aus *§ 612 a BGB* für den Whistleblower. Voraussetzung dafür ist auch hier, dass dieser in zulässiger Weise auf vorhandene Missstände im Unternehmen zunächst hinweist.[70] Hier findet das sogenannte *Maßregelungsverbot* Anwendung, welches besagt, dass der Arbeitgeber einen Arbeitnehmer nicht aufgrund von Vereinbarungen o.Ä. benachteiligen darf, nur weil dieser in einer zulässigen Art und Weise von seinem Recht Gebrauch macht.

Was das *Thema Whistleblowing* betrifft, gibt es bis heute trotz *mehrerer Gesetzesinitiativen* in Deutschland, keine allgemeine gesetzliche Privilegierung, welche Schutz bietet.[71] Beispielsweise der gescheiterte *Gesetzesentwurf* vom 04.11.2014 der *Fraktion Bündnis 90 / DIE GRÜNEN,* sah in seiner Norm bzgl. der Zulässigkeit von Arbeitnehmeranzeigen vor, diese vom Vorliegen eines öffentlichen Interesses abhängig zu machen, welcher sich aber nicht durchsetzen konnte. Die Bundesregierung begründete die Ablehnung damit, dass Whistleblower durch bestehende arbeitsrechtliche Regelungen und die vorhandene Rechtsprechung in Deutschland, ausreichend geschützt seien.

---

[68] Greiner in: Ascheid / Preis / Schmidt, Großkommentar zum Kündigungsrecht, 2017, § 17 ArbSchG, Rn. 8.
[69] Eufinger, DB 2018, Seite 891, 894; Marsch-Barner, ZHR 181, 2017, Seite 847, 853 f.
[70] Király, RdA 2012, Seite 236, 237.
[71] Eine Auflistung aller Gesetzesentwürfe befindet sich unter https://www.whistleblower-net.de/was-wir-wollen/gesetzliche-regelungen/chronologische-uebersicht-uber-offizielle-gesetzgebungsinitiativen-und-vorschlage-zu-whistleblowing-in-deutschland/ (aufgerufen am 02.07.2018);
Reinhardt-Kasperek / Kaindl, BB 2018, Seite 1332; Wiedmann / Greubel, Newsdienst Compliance 2018, Seite 1, 4.

- *Kann diese Begründung so hingenommen werden und bieten die vorhandenen arbeitsrechtlichen Bestimmungen tatsächlich einen umfassenden Schutz für Whistleblower in unserer Bundesrepublik?*
- *Schreckt die unsichere Rechtslage nicht vielmehr betroffene Personen davor ab, Missstände anzuzeigen und aufzudecken?*

Selbst wenn der Fall *Heinisch* die Diskussion über die Notwendigkeit einer Gesetzesverankerung aufs Neue entfacht und gefordert hat, änderte sich bis heute nichts für Whistleblower. Zu dieser Problematik gibt es nach wie vor nur *allgemein gehaltene Gesetze* und *ergangene* Rechtsprechung, welche es gilt zu beachten.[72]

Deutlich wird die Schwerfälligkeit des Whistleblower-Schutzes insbesondere durch das derzeit geltende Arbeitsrecht und die Tatsache der zahlreichen Rechtsverstöße der Europäischen Union. Hier wird nämlich das Potenzial von sogenannten betrieblichen Insiderinformationen zur Absicherung *finanzieller Unternehmensinteressen* gesehen.[73] Es geht sogar mittlerweile so weit, dass diskutiert wird, für das Aufdecken von Wirtschaftsstraftaten sogenannte *Prämien* auszuloben.[74] Durch diese Vorgehensweise besteht die Gefahr, dass der Arbeitsplatz in den Fokus von Sicherheitsforschung rückt, was so nicht gewollt sein kann.

Wirft man zu diesem Thema einen Blick zurück in die Vergangenheit Deutschlands (*Nationalsozialismus* und *Staatssicherheit*) wird deutlich, dass die bisherige *unzureichende* Rechtslage auch damit begründet werden kann, dass hierzulande zurückhaltender mit der Thematik umgegangen wird als beispielsweise in anderen Ländern wie den *USA*, *Frankreich* oder *Großbritannien*.[75]

Es bleibt festzuhalten, dass der Gesetzgeber bis heute keine arbeitsrechtliche Regelung getroffen hat, wie Arbeitnehmer mit der Kenntnis von Missständen in Unternehmen umzugehen haben, welche sie im Rahmen ihrer Tätigkeit erfahren. Stattdessen kommt an

---

[72] Abraham, ZRP 2012, Seite 11; Simon / Schilling, BB 2011, Seite 2421, 2427 f.
[73] van den Wyngaert, The protection of the financial interests of the EU in the candidate states, 2001, Seite 96.
[74] Keuchel, Handelsblatt vom 25.10.2012, https://www.ariva.de/news/eu-kommission-will-whistleblower-praemie-einfuehren-4313367 (aufgerufen am 02.07.2018).
[75] Casper in: du Plessis / Großfeld / Luttermann / Saenger / u.a., German Corporate Governance in International and European Context, 2017, Seite 500; Forst, NJW 2011, Seite 3477.

dieser Stelle die *Generalklausel* gem. *§ 242 Abs. 2 BGB* in Bezug auf den Zulässigkeitsmaßstab von Arbeitnehmeranzeigen ins Spiel. Weiter wird die normierte *Rücksichtnahmepflicht* über die arbeitsrechtliche *Verschwiegenheitspflicht* in Unternehmen herangezogen und im Anschluss über arbeitsrechtliche Maßregelungen durchgesetzt bzw. auf strafrechtlicher Ebene durch das *Gesetz gegen den unlauteren Wettbewerb (UWG)*.

Ferner besteht die Möglichkeit, an die *Loyalitäts-* und *Treupflichten* des Arbeitnehmers anzuknüpfen. In diesem Zusammenhang ist fraglich, wie viel Treue von einem Arbeitnehmer verlangt werden kann, ohne dabei seine rechtlich geschützten Interessen zu verletzen.

D. Whistleblowing als Beitrag zur Rechtsdurchsetzung mit widerstreitenden Interessen der Beteiligten

Im *arbeitsrechtlichen Sinne* handelt es sich um eine privatrechtliche Vertragsbeziehung zwischen Arbeitnehmer und Arbeitgeber was bedeutet, dass es für eine arbeitsrechtliche Sanktion stets einer *Verletzung* einer arbeitsvertraglichen Pflicht bedarf. Kommt es zu dem Fall, dass ein Mitarbeiter in seinem Betrieb Hinweise auf Rechtsverstöße preisgibt, so stellt sich in diesem Zusammenhang die Frage, ob ein solches Verhalten eine *Kündigung* rechtfertigt. Hier gilt es einerseits zu hinterfragen, ob es einem Arbeitgeber zugemutet werden kann, einen Mitarbeiter in seinem Unternehmen weiter zu beschäftigen, welcher dem Anschein nach dem Unternehmen nachhaltig einen Schaden zugefügt hat. Sicher ist es nicht der betroffene Mitarbeiter allein, welcher das Ansehen des Unternehmens *beschmutzt*, sondern es ist vielmehr ein sich daraus ergebener Rechtsverstoß als logische Konsequenz. Andererseits stellt sich die Frage, ob es einem Mitarbeiter zuzumuten ist, über vorhandene Missstände zu schweigen, um so seinen Arbeitsplatz im Unternehmen nicht zu gefährden, was ebenso problematisch erscheint.

Durch den Umstand der Aufdeckung eines Missstandes kann ein *Dominoeffekt* im Unternehmen entstehen. Denkbar ist hier beispielsweise, dass *weitere Fälle* anderer Betroffener enthüllt werden mit der Folge, dass das Vertrauensverhältnis unter den Mitarbeitern zerrüttet wird und ein *gegenseitiges Misstrauen* im Team entsteht.

Wie sich deutlich bei diesem Thema zeigt, kristallisiert sich hier eine Rechtsproblematik heraus, sobald es um das Aufdecken von Missständen geht. Nicht schwer zu erkennen stehen sich hier *Arbeitgeberinteressen*, *Arbeitnehmerinteressen* und das *öffentliche Informationsinteresse* im Konflikt gegenüber.

I. Arbeitgeberinteresse

Der Arbeitgeber hat zum einen ein unternehmerisches Interesse daran, dass seine Arbeitnehmer gem. *§ 611 a BGB*, ihre zugesicherte Leistung aus dem Arbeitsvertrag erfüllen und zum anderen, dass der Ruf seines Unternehmens in der Öffentlichkeit nicht geschmälert wird. Des Weiteren hat er ein berechtigtes Interesse an der Schaffung einer angenehmen Arbeitsatmosphäre in seinem Unternehmen sowie an dessen zukünftiger und wirtschaftlicher Erhaltung. Konkret kann darunter das Ziel eines loyalen Umgangs zwischen Arbeitgeber und Arbeitnehmer verstanden werden. Ein Arbeitgeber möchte sich also auf die *Loyalität* seiner Beschäftigten verlassen können[76] und etwaige Bespitzelungen vermeiden, da diese zu einer *Kontraproduktivität* führen könnten.[77]

Neben einem guten Arbeitsklima hat ein Arbeitgeber weiter ein berechtigtes Interesse an der *Verschwiegenheitspflicht* seiner Mitarbeiter über *Betriebs-* und *Geschäftsgeheimnisse.*[78] Hierunter versteht man die Geheimhaltung von betriebsinternen Informationen im Zusammenhang mit dem Geschäftsbetrieb, beispielsweise *Erfolgsstrategien, Patente, Mustervorlagen, Ideen* etc., da diese nur einem bestimmten ausgewählten Personenkreis im Unternehmen zugänglich gemacht werden und gerade nicht der Allgemeinheit zur Verfügung stehen sollen.[79] Konkret bedeutet das, dass der Arbeitgeber wenig Interesse an einer öffentlichen Bekanntmachung von betriebsinternen Informationen hat, da die Gefahr besteht Kunden, Investoren, Banken, Lieferanten u.a. aufgrund von negativen Schlagzeilen, zu verlieren.

II. Arbeitnehmerinteresse

Das Interesse des Arbeitnehmers ergibt sich bei diesem Thema aus seiner uneingeschränkten *Meinungsfreiheit*, welche auch im Berufsleben gem. *Art. 5 Abs. 1 GG* gilt.

Entscheidet sich ein betroffener Arbeitnehmer dazu, als Hinweisgeber zu fungieren, kann er in diesem Zusammenhang sein *Moralgefühl* bzw. sein *Verantwortungsbewusstsein* gegenüber der Öffentlichkeit befriedigen und gleichzeitig einen Beitrag zum Schutz allgemeiner Rechtsgüter leisten. Damit scheint ein *berechtigtes Interesse* an der Zulässigkeit von Whistleblowing für den Arbeitnehmer gegeben zu sein. Der Arbeitnehmer gerät in diesem Moment in einen *Gewissenskonflikt* mit sich selbst, wenn er nichts gegen etwaige Missstände im Unternehmen unternimmt.

---

[76] Müller, NZA 2002, Seite 425, 427.
[77] Bürkle, DB 2004, Seite 2158, 2159.
[78] BVerfG, Beschluss vom 14.03.2006 – 1 BvR 2087/03, 1 BvR 2111/03.
[79] Oberrath, NZA 2005, Seite 193, 195; Müller, NZA 2002, Seite 424, 427.

III. Öffentliches Informationsinteresse

Betrachtet man das *öffentliche Informationsinteresse* bei bestehenden Missständen in Unternehmen und dessen beteiligte Personen, so ergibt sich hieraus ebenfalls eine Konfliktsituation.

- *Können oder müssen Mitarbeiter eines betroffenen Unternehmens als „private law enforcer" in die Prävention und Verfolgung von Straftaten eingeordnet werden?*

Per se kann dazu gesagt werden, dass öffentliche Interessen *keinen systemwidrigen Fremdkörper* darstellen und das an der Durchsetzung der Rechtsordnung ein öffentliches Interesse nach *Art. 20 Abs. 3 GG* besteht. An dieser Schnittstelle ergibt sich für den Whistleblower die Möglichkeit sich auf sein *Grundrecht*, dem Recht zur Strafanzeige gem. *Art. 2 Abs. 1* i.V.m. *Art. 20 Abs. 3 GG* zu berufen, welches ihm erlaubt, Rechtsverstöße zu melden.[80] Konkret bedeutet das, dass dabei der Geheimnisschutz nicht herangezogen wird, um die rechtliche Position des Arbeitgebers zu schützen.[81]

Heutzutage wird Whistleblowing als Ausübung persönlicher Freiheit eines einzelnen Arbeitnehmers verstanden, welches sich jedoch auch im Arbeitsrecht in einem zumutbaren Umfang beschränken lässt. In diesem Spannungsfeld existieren zwei Pole, die den Spagat zwischen einem *arbeitsrechtlichen Regelverletzer* auf der einen Seite und einem *öffentlichen Regelwächter* auf der anderen Seite bilden.[82]

Erstattet ein Whistleblower wegen vorhandenen Missständen eine Anzeige, sprich kommt der *öffentliche Regelwächter* zum Zuge, so leistet dieser einen Beitrag zur Rechtsdurchsetzung, wenn das Anzeigen des Rechtsverstoßes aus arbeitsrechtlicher Sicht nicht als Pflichtwidrigkeit einzustufen ist. Es stellt sich die Frage, was an dieser Stelle im Vordergrund steht, *Rechtsgüter der Öffentlichkeit* zu schützen oder einhergehende *Wirtschaftsschäden* aufzudecken. Ist letzteres der Fall, kann das Verhalten des Hinweisgebers als Zeichen für *Zivilcourage*[83] gewertet werden, was nicht straf- oder

---

[80] Schaub / Koch, Arbeitsrecht von A-Z, 2018, Seite 1 ff.
[81] Casper in FS Winter, 2011, Seite 77, 80.
[82] Casper in FS Winter, 2011, Seite 77, 79.
[83] Simon / Schilling, BB 2011, Seite 2421, 2422.

arbeitsrechtlich sanktioniert werden darf.[84] Begründet werden kann dies damit, dass gerade die *„Personen, die an einem wichtigen gesellschaftlichen Hebel sitzen"*[85] es sind, welche über ein entsprechendes internes *Knowhow* im Unternehmen verfügen.

Um das *öffentliche Informationsinteresse* noch deutlicher hervorzuheben erscheint es sinnvoll, vergleichsweise den Bereich *Umwelt* zu beleuchten. Dabei zeigt sich, dass Einblicke, welche Arbeitnehmer in betriebliche Abläufe haben, nicht durch behördliche Kontrollen ersetzbar sind. Dies liegt zum einen an dem personellen Arbeitsaufwand und zum anderen an technischen Wissensdefiziten der Strafverfolgungsbehörden.[86] Versicherungswirtschaftliche Angaben aus den letzten Jahren zeigen, dass 50 % polizeilicher Ermittlungsverfahren aus dem Umweltbereich auf Arbeitnehmeranzeigen wegen Rechtsverstöße zurückzuführen sind, was erschreckend ist.[87] Gerade die Umwelt welche alle Lebewesen betrifft, ist ein besonderes und schützenswertes Rechtsgut der Allgemeinheit. Schäden an ihr wirken sich in diesem Zusammenhang auf die Lebensqualität der gesamten Menschheit aus, woraus sich sehr wohl ein öffentliches Informationsinteresse ergibt.

Selbst wenn man anfangs vielleicht gedanklich dazu neigt das Thema Whistleblowing nur auf klassische *Arbeitnehmer / Arbeitgeber Rechtsverhältnisse* zu projizieren, so ist das durchaus eine falsche Annahme. Wie bereits angesprochen, gibt es auch noch andere betroffene Personenkreise, denkt man nur an die *Umwelt* oder im *Fall Heinisch* an die Patienten und dessen Angehörige im *Pflegebereich*.

Ein weiteres Beispiel ist das *Vertrauensverhältnis* zwischen einem *Rechtsanwalt* und seinem *Mandanten*. Hat der Anwalt hier etwaige Kenntnisse von einer geplanten schweren Straftat, so darf auch er seine Verschwiegenheitspflicht brechen, wenn dieser nach umfassender Interessenabwägung zu der Erkenntnis kommt, sein Verschwiegenheitsbruch ist zum Schutz vorrangiger Interessen Dritter, insbesondere des Allgemeinwohls.[88]

---

[84] Schulz ArbRAktuell 2017, Seite 10, 12.
[85] Deiseroth / Derleder, ZRP 2008, Seite 248.
[86] Wendeling-Schröder, Autonomie im Arbeitsrecht, 1994, Seite 39.
[87] Müller, NZA 2002, Seite 424, 427.
[88] Peitscher, Anwaltsrecht, 2017, § 17, Rn. 125.

Ohne diesen Themenbereich zu weit auszudehnen, ist in diesem Zusammenhang auch das *Vertrauensverhältnis* zwischen *Vorstand* und *Gesellschafter* interessant. Hier obliegen die Vorstandsmitglieder einer sogenannten Treuepflicht gegenüber den Aktionären und gem. *§ 93 Abs. 1 S. 3 AktG* einer Verschwiegenheitspflicht. Ein Bruch der Verschwiegenheitspflicht ist dann denkbar, wenn es zu rechtswidrigen *Vorstandsbeschlüssen* mit schwerwiegenden Schäden für die Gesellschaft kommt. In einem solchen Fall hätten auch hier sehr wohl andere Personen ein berechtigtes Interesse daran, dies zu erfahren, beispielsweise *künftige Investoren, Lieferanten, Kunden, Banken, Medien, Konkurrenten* u.a..

IV. Zwischenergebnis

Wenn es um das Anzeigen von betriebsinternen Missständen geht, ist das Spannungsfeld zwischen den *verschiedenen Interessen* kaum zu übersehen.

Zum einen sollen vorhandene Missstände in unserer Gesellschaft bekämpft werden und zum anderen soll sich der Arbeitgeber auf seine Mitarbeiter verlassen können.[89] Demzufolge kann Whistleblowing als *Loyalitätsverletzung, Nestbeschmutzung* oder als eine *unentbehrliche Warnung* eingeordnet werden.[90]

Kommt es zur Meldung eines Rechtsverstoßes im Unternehmen durch den Arbeitnehmer, entsteht eine Konfliktsituation zwischen *drei Interessensträgern* auf verschiedenen Ebenen. Zum einen bestehen die *Interessen des Arbeitgebers*, welcher an der Geheimhaltung des Missstandes sowie an der Treue- und Loyalitätspflicht seines Arbeitnehmers ein starkes Interesse hat. Weiter besteht das *Interesse des Arbeitnehmers*, welcher unter Bezugnahme seiner staatsbürgerlichen Pflichten nach dem GG für rechtschaffendes Verhalten sorgt und besonders schützenswert erscheint und zum anderen das *öffentliche Informationsinteresse* gegenüber der Allgemeinheit. Diese Problematik führt dazu, dass eine Abwägung zwischen den verschiedenen Interessensträgern vorzunehmen ist, was bei den divergierenden Interessen sehr schwierig erscheint.[91]

---

[89] Handelsblatt, Justizministerin erwartet „Whistleblower" Debatte, https://www.handelsblatt.com/justizministerin-erwartet-whistleblower-debatte/4420694.html (aufgerufen am 24.04.2018).
[90] Abraham, ZRP 2012, Seite 11 ff.; Deiseroth / Derleder, ZRP 2008, Seite 248 ff.
[91] BAG, Urteil vom 03.07.2003 – 2 AZR 235/02; BAG, Urteil vom 13.11.1991 – 5 AZR 74/91.

E. Pflichten des Arbeitnehmers

Wie bereits auf *Seite 5* angesprochen wurde, bedarf es der Klärung ob es legitim erscheint, dass ein Arbeitgeber beim Thema *Whistleblowing* mit der härtesten Sanktion des Arbeitsrechts, der sogenannten „*Vergeltungskündigung*"[92] gegenüber dem Hinweisgeber, reagieren darf.

Um diese Frage zu klären, muss zunächst untersucht werden, ob die Verhaltensweise des Arbeitnehmers einen *wichtigen Grund* für eine Kündigung rechtfertigt. Ein wichtiger Grund könnte vorliegen, wenn unter Berücksichtigung aller Umstände des Einzelfalls und bei Interessenabwägung der Vertragsparteien eine *Fortführung des Arbeitsverhältnisses* bis zum vereinbarten Beendigungszeitraum oder bis zum Ablauf der Kündigungsfrist einer Vertragspartei, nicht mehr zugemutet werden kann.

- *Tritt genau dieser Fall beim Whistleblowing ein und begründet die Verhaltensweise des Hinweisgebers eine außerordentliche Kündigung?*

Zunächst erscheint ein solches Vorgehen zwischen den Parteien nicht interessengerecht zu sein und ist auch so vom Gesetzgeber nicht gewollt. Es kann nicht richtig sein, Whistleblower-Handlungen als Pflichtverletzung aus dem Arbeitsverhältnis einstufen zu wollen.

Kommt es dennoch zu einer Kündigung aufgrund einer *pflichtwidrigen Hinweiserteilung*, so stellt die Kündigung keine Sanktion für ein Fehlverhalten der Vergangenheit dar, sondern beruht auf einer *Zukunftsprognose* mit der Begründung, dem Arbeitgeber sei zukünftig keine vertrauensvolle Zusammenarbeit mit dem betroffenen Arbeitnehmer mehr zuzumuten. Ferner könnte es zu weiteren Vertragsverletzungen kommen und das Vertrauensverhältnis zwischen den Vertragsparteien wäre für die Zukunft zerstört.[93] Tritt dieser Fall ein, ist die Rede von Verstößen aus *wichtigem Grund* gegen arbeitsvertragliche Pflichten des Arbeitnehmers. Welche Pflichtverletzungen davon im Einzelnen genau betroffen sein können, wird nachfolgend aufgezeigt.

---

[92] v. Busekist / Fahrig, BB 2013, Seite 119, 120.
[93] BVerfG, Urteil vom 02.07.2001 – 1 BvR 2049/00; Oetker in: Müller-Glöge / Preis / Schmidt, Erfurter Kommentar zum ArbR, 2018, § 1 KSchG, Rn. 196; Vossen in: Ascheid / Preis / Schmidt, Großkommentar zum Kündigungsrecht, 2017, § 1 KSchG, Rn. 272 a.

I. Hauptleistungspflichten

Gem. *§ 611 a Abs. 1 BGB* ergibt sich für den Arbeitnehmer die Pflicht, die geschuldete Leistung aus dem Arbeitsvertrag zu erbringen.[94] Die Hauptleistungspflicht ist dann bewirkt, wenn diese in *„der rechten Weise, zur rechten Zeit, am rechten Ort und in der geschuldeten Qualität"*[95] durch den Arbeitnehmer erbracht wird. Von weiteren Konkretisierungen der Hauptleistungspflichten kann an dieser Stelle abgesehen werden, da nach *Berkowsky* eine öffentliche Bekanntmachung von Missständen die geschuldete Arbeitsleistung nicht berührt. Beim Whistleblowing geht es vielmehr um die Berührung von *Nebenleistungspflichten aus dem Arbeitsvertrag*, welche nachfolgend erläutert werden.[96]

II. Nebenleistungspflichten

Gem. der Generalklausel aus *§ 241 Abs. 2* i.V.m. *§ 242 BGB* ergeben sich aus dem Schuldverhältnis für beide Vertragsparteien gegenseitige *Rücksichtnahmepflichten*, nämlich die Rechte und Interessen des Anderen zu wahren.[97] Weiter hat der Arbeitnehmer die Leistung nach Treu und Glauben unter Bezugnahme existierender *Verkehrssitten* zu erbringen, woraus sich Nebenleistungspflichten ergeben. Diese treten neben die Hauptleistungspflichten und müssen beachtet werden.

Weiter ist in diesem Zusammenhang wichtig zu erwähnen, dass Nebenleistungspflichten auch nach der Beendigung des Arbeitsverhältnisses als sogenannte *nachwirkende Treuepflichten* fortbestehen.[98]

- *Wie lassen sich jedoch Nebenleistungspflichten beim Whistleblowing definieren?*

---

[94] Preis in: Müller-Glöge / Preis / Schmidt, Erfurter Kommentar zum ArbR, 2018, § 611 a BGB, Rn. 639; Müller-Glöge in: Säcker / Rixecker / Oetker / Limperg, Münchner Kommentar zum BGB, 2016, § 611 BGB, Rn. 1011.

[95] Berkowsky, NZA-RR, 2001, Seite 1 ff.

[96] Ebenda.

[97] Müller-Glöge in: Säcker / Rixecker / Oetker / Limperg, Münchner Kommentar zum BGB, 2016, § 611 BGB, Rn. 1074; Schmitt, RdA 2017, Seite 365, 366.

[98] BAG, Urteil vom 19.05.1998 – 9 AZR 394/97; Preis in: Müller-Glöge / Preis / Schmidt, Erfurter Kommentar zum ArbR, 2018, § 611 a BGB, Rn. 718.

Um diese Frage beantworten zu können, bedarf es einer Aufsplittung der Nebenleistungspflichten des Arbeitnehmers.

1. Verschwiegenheitspflicht

Bei der *Verschwiegenheitspflicht* handelt es sich um die wichtigste zu wahrende Nebenleistungspflicht für den Arbeitnehmer. Der Arbeitnehmer ist bei einer wirksamen Verschwiegenheitspflicht aus *§ 242 BGB* an eine stillschweigende Geheimhaltungspflicht gebunden, worunter eine besondere Ausprägung einer vertraglich geschuldeten *Treue* zu verstehen ist.[99] Diese Geheimhaltungspflicht erstreckt sich dabei auf sämtliche betriebliche Tatsachen und Vorgänge, welche der Arbeitnehmer durch seine Stellung im Unternehmen mit Abschluss des Arbeitsvertrags erlangt hat und dessen Geheimhaltung im Interesse des Arbeitgebers liegt.[100] Darunter fällt beispielsweise *technisches Knowhow, Warenbezugsquellen, Absatzgebiete, Bilanzen, Inventuren, Kunden-* und *Preislisten etc..*[101]

Kommt es zu einer Verletzung der Verschwiegenheitspflicht durch den Arbeitnehmer so muss geprüft werden, ob ein *Erlaubnistatbestand* greift oder ob der Arbeitgeber die Möglichkeit hat, arbeitsrechtliche Sanktionen gegen seinen Arbeitnehmer einzuleiten. Als denkbare Maßnahme kommt hier das Aussprechen einer Abmahnung, eine ordentliche / fristlose Kündigung, das Verlangen von Schadensersatzforderungen gem. § 280 BGB, Ansprüche aus dem Deliktsrecht gem. §§ 823 ff. BGB oder eine Vertragsstrafe gem. §§ 339 ff. BGB in begründeten Fällen in Betracht.[102] Ebenso kann der Hinweisgeber zum Widerruf der aufgestellten und unwahren Behauptungen gem. § 1004 Abs. 1 BGB analog i.V.m. § 8 UWG, verpflichtet werden.

---

[99] Preis in: Müller-Glöge / Preis / Schmidt, Erfurter Kommentar zum ArbR, 2018, § 611 a BGB, Rn. 710 ff.; Müller-Glöge in: Säcker / Rixecker / Oetker / Limperg, Münchner Kommentar zum BGB, 2016, § 611 BGB, Rn. 1088 ff.; Mansel in: Stürner, Jauernig – Kommentar zum BGB, 2015, § 611 BGB, Rn. 23, 26; Lingemann / v. Steinau-Steinrück / Mengel, Employment & Labor Law in Germany, 2016, Part II Statutory Material, Seite 109.

[100] Linck in: Schaub, Arbeitsrechts-Handbuch, 2017, § 53, Rn. 50 ff.; Lelley, Compliance im Arbeitsrecht - Leitfaden für die Praxis, 2010, Rn. 491.

[101] LAG Berlin, Urteil vom 12.12.1968 – 5 Sa 52/68.

[102] Preis in: Müller-Glöge / Preis / Schmidt, Erfurter Kommentar zum ArbR, 2018, § 611 a BGB, Rn. 748; Bürkle, DB 2004, Seite 2158, 2159.

Bezogen auf das Thema Whistleblowing und das „*Loyalitätsdilemma bei der Offenbarung von Missständen in der Privatwirtschaft*" wird es dann rechtlich interessant, wenn die Offenbarung des Missstandes durch den Arbeitnehmer einer *Geheimhaltungspflicht* im Interesse des Arbeitgebers unterliegt und damit zugleich ein *Gesetzesverstoß* einhergeht, z.B. wenn ein Verstoß gegen das *Steuerrecht, Umweltrecht, Sozialversicherungsrecht* oder *Wettbewerbsrecht* vorliegt.[103]

2. Loyalitätspflicht

Der Begriff *Loyalität* lässt sich nach der *Stanford Encyclopedia of Philosophy* definieren als *Beharrlichkeit* in Bezug auf das Verfolgen von Zielen einer Person und als *Teil ihrer Identität*.[104] Auf den Staat und das Rechtssystem bezogen bedeutet das, dass dieses System nur dann funktioniert, wenn Gesetze von jedem Bürger geachtet und eingehalten werden. Daher ist es nicht verwunderlich, dass auch die Treue vor dem Gesetz als eine Art Loyalität bezeichnet werden kann.

Wendet man den Begriff der *Loyalität* auf Whistleblower im Arbeitsrecht an, so ist festzustellen, dass Arbeitnehmer in ihrem Arbeitsalltag diverse Einblicke in verschiedene Arbeitsabläufe erhalten, welche für außenstehende Personen verborgen bleiben. Im Grundsatz gilt, dass sich der Arbeitnehmer gegenüber seinem Arbeitgeber *loyal* zu verhalten hat. Danach sind Äußerungen, welche etwaige Vertrauensbeziehungen zu ihm, zum geschäftlichen Verkehr oder zum Arbeitsfrieden gefährden könnten zu unterlassen.[105] D.h., jeder Arbeitnehmer hat die Pflicht, auf berechtigte Belange und Interessen des Arbeitgebers in einem zumutbaren Umfang Rücksicht zu nehmen,[106] was dazu führt, dass der Arbeitnehmer in seinem grundrechtlich geschützten Recht gem. *Art. 5 Abs. 1 GG*, dem *Recht auf freie Meinungsäußerung* eingeschränkt wird, was in Bezug auf *Whistleblowing* von Bedeutung sein kann.[107]

---

[103] Reichold in: Münchner Handbuch zum Arbeitsrecht, 2018, § 54 Wettbewerbsverhalten, Rn. 41; Eufinger, NZA 2017, Seite 619.
[104] Stanford Encyclopedia of Philosophy, https://plato.stanford.edu/entries/loyalty/ (aufgerufen am 10.07.2018).
[105] Linck in: Schaub, Arbeitsrecht-Handbuch, 2017, § 53, Rn. 26.
[106] BGH, Urteil vom 23.02.1989 – IX ZR 236/86; Oberrath, NZA 2005, Seite 193, 195; Müller, NZA 2002, Seite 424, 429.
[107] Linck in: Schaub, Arbeitsrecht-Handbuch, 2017, § 53, Rn. 27.

Stellt man sich an dieser Stelle vor, dass ein Arbeitnehmer im Rahmen seiner auszuübenden Tätigkeit auf *illegale* oder *illegitime* Handlungen stößt, so steht dieser bei der Offenbarung vor dem Problem, das von ihm ein *loyales Verhalten* gegenüber dem Unternehmen erwartet wird.

- *Tritt hier eine spezielle Form der Loyalität, nämlich eine absolute unkritische Loyalität dem Unternehmen gegenüber ein[108] oder hat der Whistleblower vielleicht nicht auch eine entgegenwirkende kritische Loyalität gegenüber übergeordneten Interessen, wie dem Allgemeinwohl zu wahren?[109]*

Genau hier ist für den Whistleblower der Spagat zwischen der moralischen Bewertung von Loyalität erkennbar, da sich die Frage stellt – *Ist die empfundene Loyalität gegenüber dem Unternehmen geringer als die der Allgemeinheit?* Kann diese Frage bejaht werden, so ist ein Mitarbeiter dazu angehalten, Whistleblowing in unserer Gesellschaft zu betreiben und negative Tatsachen zu offenbaren.[110]

Aus diesem Kontext heraus ist eine *Illoyalität* gegenüber einer der beteiligten Parteien (*Arbeitgeber, Öffentlichkeit*) unvermeidbar.

Interessant scheint an dieser Stelle auch ein Vergleich zwischen einem *Journalisten* und einem *Whistleblower*.
Könnte man nicht die Annahme vertreten, *Journalisten sind durch die Veröffentlichung von Artikeln über Missstände in unserer Gesellschaft eine Art von Whistleblower und das sogar regelmäßig?* Mit diesem Praxisbeispiel soll noch einmal die Rechtslage eines Whistleblower verdeutlicht werden.

Journalisten agieren zwar in einem ähnlichen Spektrum wie Whistleblower – der *Unterschied* zwischen ihnen besteht jedoch darin, dass Journalisten auf einem professionellen Gebiet mit der Absicht Informationen an die Öffentlichkeit zu tragen, arbeiten – dem Whistleblower hingegen fehlt es an der moralisch auszeichnenden Überwindung, da ihre Intension dabei elementar ist.

---

[108] Leisinger, Whistleblowing und Corporate Reputation Management, 2003, Seite 23.
[109] Ebenda.
[110] Rohde-Liebenau, Whistleblowing Rules: Best Practice, Assessment and Revision of Rules Existing in EU Institutions, 2006, Seite 19.

3. Interessenwahrungs- und Schadensabwendungspflicht

Durch die *Interessenwahrungs-* und *Schadensabwendungspflicht* wird vom Arbeitnehmer verlangt, sämtliche Handlungen zu unterlassen, welche dem Arbeitgeber einen Schaden zuführen könnten bzw. betriebliche Schäden abzuwenden, wenn es für den Arbeitnehmer zumutbar erscheint.[111] Hierbei handelt es sich vor allem um Handlungen, die durch das Offenbaren von betrieblichen Missständen oder das Fehlverhalten des Arbeitgebers zum Vorschein kommen, gerade bei der Weitergabe von Informationen an staatliche Stellen. In diesem Zusammenhang ist eine Pflichtverletzung von Nebenleistungspflichten aus einem Arbeitsvertrag beim Whistleblowing denkbar, da Hinweisgeber vielfach die *Interessenwahrungspflicht* durch die Abgabe des Hinweises aus einer Nebenpflicht verletzen.[112]

4. Zwischenergebnis

Kommt es zu dem Fall, dass ein Arbeitnehmer *intern-* oder *extern* einen Hinweis auf bestehende Missstände im Unternehmen abgibt, so läuft dieser Gefahr, gegen eine selbständige nicht leistungsbezogene, arbeitsvertragliche Nebenleistungspflicht zu verstoßen. Davon kann beispielsweise die *Loyalitäts-* und *Rücksichtnahmepflicht* sowie die *Interessenwahrungspflicht* tangiert sein, womit i.d.R. Konsequenzen für den Arbeitnehmer verbunden sind.

---

[111] BAG, Urteil vom 20.09.1984 – 2 AZR 633/82; LAG Hamm, Urteil vom 29.04.1994 – 18 (2) Sa 2016/93; Eufinger, DB 2018, Seite 891; Mansel in: Stürner, Jauernig – Kommentar zum BGB, 2015, § 611 BGB, Rn. 25.
[112] Oberrath, NZA 2005, Seite 193, 195.

F. Berücksichtigung von Grundrechte im Whistleblowing-Konflikt

Die Zulässigkeit von Whistleblowing wird nicht nur durch die Grenzen der Nebenleistungspflichten aus dem Arbeitsvertrag beurteilt, ebenso spielt die Beachtung und Einbeziehung der *Grundrechte* eine wesentliche Rolle. Diese stellen seit der *Lüth-Entscheidung*[113] des BVerfG 1958 eine *mittelbare Drittwirkung* dar, da es sich hierbei um *Abwehrrechte* und um schützenswerte Rechtspositionen gegen den Staat handelt. Konkret bedeutet das, dass die Grundrechtsbestimmungen des Grundgesetzes objektiv eine Wertordnung verkörpern, welche als verfassungsrechtliche Grundsatzentscheidung für nahezu alle Rechtsbereiche gilt und *Arbeitgeber-* als auch *Arbeitnehmerinteressen* schützt.

I. Grundrechte des Arbeitgebers

Der Arbeitgeber hat die Möglichkeit, sich im Whistleblowing-Konflikt auf seine *Berufsfreiheit*[114] gem. *Art. 12 Abs. 1 GG* zu berufen, sprich er muss nur mit Arbeitnehmern zusammenarbeiten, welche die Unternehmensziele fördern und das Unternehmen vor Schäden bewahren.[115] Weiter ergibt sich für ihn aus *Art. 14 Abs. 1 GG* das Recht auf *Eigentumsgarantie,*[116] das allgemeine *Persönlichkeitsrecht* nach *Art. 2 Abs. 1* i.V.m. *Art. 1 Abs. 1 GG* und nicht zu vergessen, das *Recht am eingerichteten und ausgeübten Gewerbebetrieb* gem. *Art. 14 Abs. 1 GG.*[117]

Da der Schwerpunkt der vorliegenden Arbeit auf den Rechten der Arbeitnehmer liegt, sprich dem Whistleblower, werden die einzelnen Grundrechte des Arbeitgebers an dieser Stelle nicht weiter ausgeführt.

---

[113] BVerfG, Urteil vom 15.01.1958 – 1 BvR 400/57; Schmidt in: Müller-Glöge / Preis / Schmidt, Erfurter Kommentar zum ArbR, 2018, Art. 5 GG, Rn. 3 f.
[114] Manssen in: v. Mangoldt / Klein / Starck, Kommentar zum GG, 2018, Art. 12 GG, Rn. 69; Simon / Schilling, BB 2011, Seite 2421, 2422.
[115] BAG, Urteil vom 03.07.2003 – 2 AZR 235/02; Schaub / Koch, Arbeitsrecht von A-Z, 2018, Seite 1 ff.
[116] Schmidt in: Müller-Glöge / Preis / Schmidt, Erfurter Kommentar zum ArbR, 2018, Art. 14 GG, Rn. 16 ff.
[117] Eufinger, DB 2018, Seite 891, 895.

II. Grundrechte des Arbeitnehmers

Die Grundrechte, auf welche sich ein Arbeitnehmer im Whistleblowing-Konflikt i.d.R. immer berufen kann, sind das Recht der *Meinungsfreiheit* gem. *Art. 5 GG*, der *Gewissensfreiheit* nach *Art. 4 GG*, das *Petitionsrecht* aus *Art. 17 GG* sowie das *Recht zur Strafanzeige* gem. *Art. 2 i.V.m. Art. 20 GG*.

Wie bereits angesprochen, entfalten die Grundrechte eine *mittelbare Drittwirkung*, sprich sie gelten nicht unmittelbar im Privatrecht, jedoch prägen sie dieses erheblich.[118] Konkret bedeutet das, dass Nebenleistungspflichten, welche sich für den Arbeitnehmer aus den Generalklauseln der Vorschriften *§§ 241 Abs. 2, 242 BGB* ergeben, der Auslegung nach den Grundrechten bedürfen, welche *nicht schrankenlos* sind. D.h. Grundrechte unterliegen schon aus ihrem Wortlaut heraus gewissen Einschränkungen, beispielsweise in *Art. 5 Abs. 2 GG* das Recht auf Meinungsfreiheit.

Dementsprechend bedarf es einer fallbezogenen *Güterabwägung* zwischen dem betroffenen Grundrecht und den Interessen der Beteiligten.[119]

1. Meinungsfreiheit, Art. 5 GG

Wie sich aus dem Wortlaut des *Art. 5 Abs. 1 GG* ergibt, hat jeder Mensch das Recht, seine *Meinung* in *Wort*, *Schrift* und *Bild* frei zu äußern und zu verbreiten.[120] Durch die *Rücksichtnahmepflichten* wird das Recht auf freie Meinungsäußerung jedoch begrenzt. Dennoch könnte durch das Recht der freien Meinungsäußerung die Handlung eines Hinweisgebers gerechtfertigt sein, da nach Ansicht des *BVerfG* die Begrifflichkeit der Meinung *weit auszulegen* ist und neben Werturteilen auch Tatsachenbehauptungen, wenn diese als Voraussetzung für die Bildung einer Meinung relevant sind, umfasst.[121] Gerade mit der elementaren Bedeutung des *Grundrechts auf freie Meinungsäußerung* wäre es unvereinbar, wenn *„der Gesetzgeber die Freiheit der (...) Meinungsäußerung dem Bereich der betrieblichen Arbeitswelt, der die Lebensgestaltung zahlreicher Staatsbürger wesentlich bestimmt, schlechthin fernhalten"* würde.[122] Handelt es sich um Tatsachen-

---

[118] Grabenwarter in: Maunz / Dürig, Kommentar zum GG, 2018, Art. 5 GG, Rn. 106 f.
[119] Oberrath, NZA 2005, Seite 193, 195.
[120] Schmidt in: Müller-Glöge / Preis / Schmidt, Erfurter Kommentar zum ArbR, 2018, Art. 5 GG, Rn. 5 ff.
[121] BVerfG, Urteil vom 13.02.1996 – 1 BvR 262/91.
[122] BVerfG, Urteil vom 28.04.1976 – 1 BvR 71/73.

behauptungen, welche nicht mit Werturteilen verbunden sind oder schlichtweg unwahr sind, ergibt sich verständlicher Weise jedoch kein Schutz.[123]

Weiter ist wichtig zu wissen, dass nach Auffassung des *BVerfG* Whistleblowing dann nicht in den Schutzbereich des *Art. 5 Abs. 1 GG* fällt, wenn es sich um ein *anonymes Anzeigen* von Missständen handelt. Hier mangelt es an einem konstituierenden Element der Subjektivität, da in einem solchen Fall keine persönliche Zuordnung an der anonymen Äußerung stattfinden kann.[124] Ferner kann das Recht auf freie Meinungsäußerung nach Auffassung des *EGMR* und verschiedener *Literaturmeinungen*, zum Bruch einer Verschwiegenheitspflicht des Arbeitnehmers führen.[125]

Bereits in den 70er Jahren hat das *BVerfG* dazu in einem Urteil entschieden, dass die Meinungsfreiheit aus dem Grundgesetz auch auf Arbeitnehmer Anwendung findet.[126]

2. Gewissensfreiheit, Art. 4 GG

Das verfassungsrechtlich gewährte Recht auf Gewissensfreiheit aus *Art. 4 Abs. 1 GG* kann die Handlung eines Whistleblower rechtfertigen. Ebenso könnten sich hieraus auch für den Hinweisgeber Grenzen ergeben. Wenige Vertreter in der Literatur behaupten, dass die *Gewissensfreiheit* beim Whistleblowing eine entscheidende Rolle spielt.[127] Ein solcher Fall ist z.B. denkbar, wenn ein Mitarbeiter einer *Waffen-* oder *Munitionsfabrik* Kenntnis davon erlangt, dass hergestellte Produkte durch die Umgehung von Embargos an Terroristen oder in Krisengebiete geliefert werden sollen und der Mitarbeiter diese Information bei der zuständigen Behörde anzeigt.

---

[123] BVerfG, Urteil vom 10.11.1998 – 1 BvR 1531/96.
[124] BAG, Urteil vom 03.07.2013 – 2 AZR 235/02; Lelley, Compliance im Arbeitsrecht – Leitfaden für die Praxis, 2010, Rn. 496.
[125] EGMR Straßburg, Urteil vom 21.07.2011 – Beschwerde Nr. 28274/08, Heinisch ./. Deutschland.
[126] BVerfG, Urteil vom 28.04.1976 – 1 BvR 71/73.
[127] Oberrath, NZA 2005, Seite 193, 197.

3. Petitionsrecht, Art. 17 GG

Eine weitere Einschränkung der arbeitsvertraglichen Nebenleistungspflichten kann sich aus dem *Petitionsrecht* nach *Art. 17 GG* ergeben, welches ein öffentliches Recht ist.[128] Daraus ergibt sich für jedermann oder für eine Gemeinschaft das Recht, sich schriftlich mit Bitten oder Beschwerden an zuständige Stellen zu wenden und vor staatlichen Sanktionen geschützt zu werden.[129] Hierunter fällt beispielsweise auch die für das Whistleblowing relevante *Behördenanzeige*.[130] Dabei ist der Petent nicht darauf beschränkt, lediglich eigene Verletzungen seiner Rechte geltend zu machen, sondern er kann auch die Rechte anderer und die des Gemeinwohls betreffenden Rechte geltend machen.[131] Hier handelt es sich um *Verfahrensrecht*, welches unabhängig von materiellen und subjektiven Rechten besteht. Durch *Art. 17 GG* wird das Recht des freien, ungehinderten Zugangs zum Staat und der Anspruch auf *Entgegennahme*, *Prüfung* und *Bescheidung* der Petition durch einen zuständigen Petitionsadressaten ermöglicht.[132]

In Bezug auf Whistleblowing kann sich ein Hinweisgeber bei der Offenlegung gegenüber einer staatlichen Stelle dann nicht auf *Art. 17 GG* berufen, wenn er lediglich einen *vermeintlichen* Rechtsverstoß seines Arbeitgebers anzeigen möchte.[133] Auch fällt ein *anonymer Hinweis* nicht unter *Art. 17 GG*. Bitten und Beschwerden können sich dabei auf künftige oder vergangene Vorgänge beziehen, müssen jedoch ein Petitum enthalten. Bloße Meinungsäußerungen werden ebenfalls nicht erfasst, hier mangelt es bereits am Petitum.[134]

---

[128] BAG, Urteil vom 03.07.2013 – 2 AZR 235/02; LAG Düsseldorf, Urteil vom 21.02.1974 – 7 Sa 122/73.
[129] Müller, NZA 2002, Seite 424, 430.
[130] Brenner in: v. Mangoldt / Klein / Starck, Kommentar zum GG, 2018, Art. 17 GG, Rn. 46 f.
[131] Brenner in: v. Mangoldt / Klein / Starck, Kommentar zum GG, 2018, Art. 17 GG, Rn. 35;
Jarass in: Jarass / Pietroth, Kommentar zum GG, 2016, Art. 17 GG, Rn. 5;
Bauer in: Dreier, Kommentar zum GG, 2013, Art. 17 GG, Rn. 28.
[132] Klein in: Maunz / Dürig, Kommentar zum GG, 2018, Art. 17 GG, Rn. 80.
[133] Rudkowski, CCZ 2013, Seite 204, 205.
[134] Jarass in: Jarass / Pietroth, Kommentar zum GG, 2016, Art. 17 GG, Rn. 3.

4. Persönlichkeitsrecht, Art. 2 i.V.m. Rechtsstaatsprinzip, Art. 20 GG

Eine Begrenzung der arbeitsvertraglichen Rücksichtnahmepflichten erfolgt durch *Art. 2 Abs. 1 GG* der allgemeinen *Handlungsfreiheit* i.V.m. dem *Rechtsstaatsprinzip* aus *Art. 20 Abs. 3 GG*.[135] Das *BVerfG* sieht für den Arbeitnehmer das Recht zur Strafanzeige in *Art. 2 Abs. 1* i.V.m. *Art. 20 Abs. 3 GG* verwurzelt.[136] Hierbei handelt es sich um einen sogenannten Auffangtatbestand, welcher dem Arbeitnehmer in den Vorschriften des *Strafgesetzbuches* ein grundsätzlich zu billigendes *Anzeigerecht* einräumt und in der *Strafprozessordnung* seine Konkretisierung findet.[137] Macht ein Bürger eine Strafanzeige geltend, so dient das dem allgemeinen Interesse am Erhalt des Rechtsfriedens, was für den Staat unverzichtbar ist und eine Rechtsdurchsetzung ermöglicht.[138] Dabei ist wichtig, dass es keiner persönlichen Betroffenheit zur Anzeige bedarf, da es sich auch hier um ein *Verfahrensrecht* handelt, sprich dieses Recht besteht unabhängig von materiellen und subjektiven Rechten.[139] Das Recht eines Jeden, auch das eines Arbeitnehmers, Rechtsverstöße bei einer zuständigen Stelle anzuzeigen, ergibt sich aus der allgemeinen *Handlungsfreiheit*. Aufgrund der Tatsache des öffentlichen Interesses beim Whistleblowing, liegt der Konflikt jenseits des *Zwei-Personen-Verhältnisses* zwischen Arbeitnehmer und Arbeitgeber.

5. Zwischenergebnis

Festzuhalten bleibt, dass sich die Bezugnahme auf die *Grundrechte* der Parteien beim Whistleblowing unterschiedlich gestaltet.

Auf der Seite des *Arbeitgebers* streitet sich vorrangig die *Berufsfreiheit*, welche ihm das Recht einräumt seinen Geschäftsbetrieb frei zu führen, mit dem Recht des Arbeitnehmers auf Ausübung seiner *Meinungs- und Gewissensfreiheit* sowie seines *Petitions-* und *Anzeigerechts*.

---

[135] Deiseroth, AuR 2002, Seite 161, 167.
[136] BVerfG, Urteil vom 02.07.2001 – 1 BvR 2049/00.
[137] Kania in: Küttner, Personalbuch 2018, Whistleblowing, Rn. 13.
[138] Müller, NZA 2002, Seite 424, 430.
[139] Brenner in: v. Mangoldt / Klein / Starck, Kommentar zum GG, 2018, Art. 17 GG, Rn. 35;
Goers in: Graf, Kommentar zum StPO, 2018, § 158 StPO, Rn. 8 ff.

Wie bereits in *Kapitel D* angesprochen, stehen Whistleblower in einem Zwiespalt und genießen auf der einen Seite ein hohes Maß an Ansehen in der Öffentlichkeit als wahrheitsliebende *„Helden"* da sie es sind, welche für Transparenz sorgen und Missstände in unserer Gesellschaft ans Tageslicht bringen, obgleich ihnen ihr eigenes Wohl weniger wert ist, als dessen der anderen Menschen. Auf der anderen Seite tragen sie jedoch ein hohes Risiko an Vergeltungsmaßnahmen seitens des Arbeitgebers und nicht selten tritt der Fall ein, dass das *„schwarze Schaf"* durch seinen Vorgesetzten und / oder Arbeitskollegen im Anschluss nach der Offenbarung gemobbt wird, ihm Tätigkeitsbereiche entzogen werden, eine stärkere Überwachung erfolgt oder er gekündigt wird, was im schlimmsten Fall zu einem Existenzverlust führen kann.[140] Weiter ist nicht ausgeschlossen, dass ein Whistleblower unter gesundheitlichen Beeinträchtigungen für den Rest seines Lebens als *Verräter* leiden muss und beispielsweise Depressionen erleidet, welche ebenso Auswirkungen auf sein privates Umfeld haben können.[141]

Tritt der Fall ein, dass ein Arbeitnehmer über etwaige Missstände im Unternehmen informieren möchte, muss er aufgrund von mangelnder gesetzlicher Regelungen zum Thema Whistleblowing leider eine hohe *Risikobereitschaft* mitbringen.[142]

---

[140] Soeken / Soeken, A survey of whistleblower: Their stressor and coping strategies, 1986, Seite 7.
[141] Ebenda.
[142] Peter / Rohde-Liebenau, AiB 2004, Seite 615 f.

G. Höchstrichterlich ergangene Rechtsprechung zum Thema Whistleblowing

In diesem Kapitel soll ein chronologischer Überblick über die wichtigsten und höchstrichterlich ergangenen Entscheidungen mit Sachverhaltsdarstellung gegeben werden. Diese fangen an bei der *historischen Rechtsprechung*[143] aus dem Jahr 1901 des *königlichen Landgerichts I zu Berlin* und gehen bis hin zum letzten *aktuellen Fall* zum Thema Whistleblowing des *LAG Schleswig-Holstein.*[144] Im Verlauf der Rechtsprechungsentwicklung ist festzustellen, dass aufgrund fehlender gesetzlicher Regelungen im Arbeitsrecht eine gewisse *Rechtsunsicherheit* besteht. Dennoch hat die *Rechtsprechungsentwicklung* im Bereich der Arbeitnehmeranzeigen zu einer erheblichen Konkretisierung der Whistleblower-Rechte positiv beigetragen und Lösungsmöglichkeiten erarbeitet.

Bei der Vorstellung der verschiedenen Urteile wird deutlich, dass Richter hier ohne das Tätigwerden des Gesetzgebers in ihren Entscheidungen einen gewissen Ermessensspielraum genutzt haben. Dies zeigt sich insbesondere durch die Beurteilung der Fälle anhand von Generalklauseln, bei welchen Whistleblowing vorrangig als ein *privatrechtlicher Konflikt* wahrgenommen wird. Konkret bedeutet das, dass mangels gesetzlicher Regelungen in Deutschland, die Rechtslage überwiegend richterrechtlich geprägt ist und sich im Laufe der Zeit ein *Fallrecht* entwickelt hat, welches eher für das britische Rechtssystem *(common law)* typisch ist.

Ein besonderes Augenmerk kommt der Entscheidung des EGMR in Sachen *Heinisch* zu, da dieser Fall einen entscheidenden Wendepunkt in der Geschichte der Rechtsprechung zum Thema *Whistleblowing* mit sich gebracht hat.

---

[143] Deutsches Reichsgesetzblatt 1901, Seite 121.
[144] LAG Schleswig-Holstein, Urteil vom 20.03.2012 – 2 Sa 331/11.

I. Historische Rechtsprechung vor Inkrafttreten des GG 1949

Das *königliche LG I zu Berlin* hat bereits im Jahr *1901* entschieden, dass eine Arbeitnehmeranzeige im moralischen Sinn verwerflich ist, jedoch eine Kündigung in diesem Zusammenhang *nicht rechtfertigt*.[145] Vorliegend hatte ein Arbeitgeber einen Arbeitnehmer dazu gedrängt, seine Arbeitsleistung über den Ladenschluss hinweg zu erbringen, wogegen dieser sich wehrte.[146]

Weitere Urteile des *Gewerbegerichts Köln*[147] im Jahr *1907* sowie des *Reichsarbeitsgerichts* im Jahr *1930*[148] und *1941*[149] rechtfertigten auch hier eine Kündigung, aufgrund des Fehlens eines innerbetrieblichen Abhilfeversuchs nicht, da es bei der Interessenabwägung ebenso einer Prüfung der sachlichen Berechtigung des Vorwurfs bedarf.

II. Der Speditions-Fall aus dem Jahr 1959

Ende der 50er Jahre hatte das *BAG*[150] *erstmalig* die Frage der Zulässigkeit *externer Strafanzeigen* zu klären.[151] Damals existierte das Phänomen des Whistleblowing im deutschen Sprachraum noch nicht.

Vorliegend ging es um einen Lastwagenfahrer, welcher wiederholt bei Behörden Anzeigen gegen seinen Arbeitgeber in Bezug auf Verstöße gegen Güterfernverkehrsbestimmungen, speziell gegen Transport- und Abrechnungsbestimmungen gemeldet hat. In diesem Zusammenhang führten die Strafanzeigen des Arbeitnehmers zur Einleitung einer polizeilichen Ermittlung und es kam zur Vernehmung des Betriebsinhabers. Daraufhin kündigte der Arbeitgeber den Lastwagenfahrer fristlos mit der Begründung, der Arbeitnehmer hätte sich falsch verhalten und eine weitere Zusammenarbeit wäre zukünftig unzumutbar. Im Nachgang reichte der Arbeitnehmer eine *Kündigungsschutzklage* beim zuständigen Gericht ein.

---

[145] Deutsches Reichsgesetzblatt 1901, Seite 121.
[146] Forst, NJW 2011, Seite 3477, 3478.
[147] Gewerbegericht Köln, Urteil vom 05.12.1907 – GewKfmG 1907 / 1908, Seite 167 ff.
[148] RAG, Urteil vom 01.11.1930 – 192/30; Forst, NJW 2011, Seite 3477, 3478.
[149] RAG, Urteil vom 28.01.1941 – 110/40.
[150] BAG, Urteil vom 05.02.1959 – 2 AZR 60/56.
[151] Müller, NZA 2002, Seite 424, 432.

Das *BAG* stellte vorliegend fest, dass zum einen die *Drucksituation und Pflichtenkollision* des *Arbeitnehmers* gesehen werden muss und zum anderen die *Lage* des *Arbeitgebers*. Im Rahmen des Abwägungsprozesses entschied das BAG, dass das Geschäftsinteresse des Arbeitgebers überwiege, da der Arbeitnehmer lt. vorinstanzlicher Entscheidung des LAG, die zu erbringende Arbeitsleistung hätte verweigern können und auch hätte dürfen, da von ihm verlangt wurde, an einem *Gesetzesverstoß* durch sein eigenes Arbeitsverhalten mitzuwirken. Die erstattete Strafanzeige stellte in diesem Zusammenhang lediglich eine Nebenleistungspflichtverletzung mit untergeordneter Bedeutung dar und das BAG entschied, dass die fristlose Kündigung des Arbeitgebers gegenüber seinem Arbeitnehmer *rechtmäßig* war und die Kündigungsschutzklage des Arbeitnehmers somit in allen drei Instanzen *keinen Erfolg* hatte.

Obwohl im Streitfall ein *gesetzlicher Verstoß* vorlag, hätte aufgrund der überwiegenden Loyalitätsinteressen *keine außerbetriebliche Anzeige* gegen den Arbeitgeber erstattet werden dürfen, da die *Möglichkeit* bestand, die Arbeitsleistung auf Arbeitnehmerseite zu *verweigern*.

Ferner ist zu sagen, dass zum damaligen Zeitpunkt auf etwaig betroffene Grundrechte von den Gerichten überhaupt nicht eingegangen wurde, obwohl das *BVerfG* nur ein Jahr zuvor im *Lüth-Urteil*[152] der *mittelbaren Drittwirkung der Grundrechte im Privatrecht* den Weg geebnet hat.[153]

---

[152] BVerfG, Urteil vom 15.01.1958 – 1 BvR 400/57.
[153] BAG, Urteil vom 18.06.1970 – 2 AZR 369/69; Forst, NJW 2011, Seite 3477, 3478.

III. Der Strahlenschutzbeauftragte-Fall aus dem Jahr 1972

Anfang der 70er Jahre entschied das *BAG*[154] den Strahlenschutzbeauftragten-Fall. Hier war ein Diplomingenieur bei der Betreiberin einer Kernforschungsanlage als Strahlenschutzbeauftragter beschäftigt, welcher mehrfach Bedenken zur technischen Ausgestaltung der Schleusentüren geäußert hat und Fehler bei der Druckprüfung in mehreren Gesprächen immer erfolglos gegenüber der Beklagten ansprach.[155] Im Nachgang wandte er sich an die Aufsichtsbehörde und wiederholte seine Bedenken, woraufhin er gekündigt wurde. Das BAG führte aus, dass eine Kündigung wegen der rechtmäßigen Geltendmachung des *Petitionsrechts nach Art. 17 GG* des Arbeitnehmers nicht wirksam ist, wenn dieser damit beauftragt wurde, innerbetriebliche Sicherheitsbedenken an Arbeitsschutzbehörden zu melden, was vorliegend der Fall war.

IV. Der Steueranzeige-Fall aus dem Jahr 1991

Fast 20 Jahre später vertrat das *BAG*[156] die Ansicht, dass eine Anzeige bei einer Behörde keinen absoluten Kündigungsgrund rechtfertigt, sondern es stets einer einzelfallbezogenen Abwägung bedarf. Hier spielte *erstmals* die *Motivation des Arbeitnehmers* eine entscheidende Rolle. Vorliegend war die Klägerin mit dem Beklagten liiert und als Arbeitnehmerin in dessen Unternehmen tätig. Es kam zur Trennung und gleichzeitig zum Ausspruch einer ordentlichen Kündigung. Daraufhin zeigte die Klägerin ihren Arbeitgeber an und behauptete, er manipulierte seine Einnahmen in unzulässiger Weise. Daraufhin kündigte der Arbeitgeber das bereits ordentlich gekündigte Beschäftigungsverhältnis *außerordentlich* und *fristlos*. Das BAG kam zu dem Ergebnis, dass eine außerordentliche Kündigung nur dann gerechtfertigt sei, wenn die Anzeige des Arbeitnehmers aus niedrigen Beweggründen stattgefunden hat. Vorliegend resultierte der Grund jedoch vielmehr daraus, den Beklagten zu schädigen und sich zu rächen.

---

[154] BAG, Urteil vom 14.12.1972 – 2 AZR 115/72.
[155] Müller, NZA 2002, Seite 424, 432.
[156] BAG, Urteil vom 04.07.1991 – 2 AZR 80/91.

V. Der BSE-Fall aus dem Jahr 1994

Margit Herbst wurde als deutsche Whistleblowerin durch den BSE-Fall bekannt.[157] *Herbst* war als Tierärztin bei einem Hygieneamt beschäftigt, wo sie überwiegend Schlachttiere in Betrieben untersuchte. Über Jahre hinweg, sind ihr dabei BSE verdächtige Rinder aufgefallen. Die Tiere wurden trotz ihrer Diagnose nicht weiter untersucht, sondern das Fleisch wurde vielmehr für den Handel zum Verkauf freigegeben. Daraufhin wandte sich *Herbst* an die Öffentlichkeit, berichtete dem Magazin *Stern* von den vorhandenen Missständen und warnte zugleich vor Gesundheitsgefahren von verseuchten Rindern, Lämmern und Schweinen.[158] Im Nachgang kam es zur Erhebung konkreter Vorwürfe gegen den Arbeitgeber und den Schlachthof, woraufhin *Herbst* fristlos gekündigt wurde. Ihre Kündigung wurde durch das *LAG Schleswig-Holstein*[159] bestätigt und in einer Restitutionsklage auch nicht aufgehoben. Argumentiert wurde in diesem Zusammenhang damit, dass *Herbst* zu voreilig mit der Informationsweitergabe an die Presse gehandelt hätte und sich zunächst um eine *innerbetriebliche Abhilfe* hätte bemühen müssen, da es sich u.a. um nicht bestätigte Verdachtsfälle handelte. Sie verbreitete mit ihrem voreiligen Verhalten Angst und Schrecken in der Bevölkerung und schmälerte durch ihr Verhalten die Finanzeinnahmen des Schlachtbetriebs um ein Vielfaches, was sich nicht rechtfertigen ließ.

VI. Der Ermittlungsverfahren-Fall aus dem Jahr 2001

Im Jahr *2001* äußerte sich das *BVerfG*[160] erstmalig zum Thema *Whistleblowing* in einem Urteil.

Im vorliegenden Streitfall ging es um einen Arbeitnehmer, welcher in einem *amtlich eingeleiteten Ermittlungsverfahren* einen besonderen *Belastungseifer* gegen seinen Arbeitgeber zeigte. Dabei machte dieser *wiederholt* und *freiwillig* umfangreiche Aussagen bei der Staatsanwaltschaft geltend.[161] Des Weiteren sammelte er über einen längeren Zeitraum Unterlagen über Abrechnungsunregelmäßigkeiten aus seiner früheren Zeit als

---

[157] Leisinger, Whistleblowing und Corporate Reputation Management, 2003, Seite 2 f.
[158] Illustrierten Stern Ausgabe 15/1994, Seite 192, https://www.anstageslicht.de/themen/gesundheit/
margrit-herbst-kampf-gegen-bse/chronologie-dr-margit-herbst-im-kampf-gegen-bse/
(aufgerufen am 05.07.2018).
[159] LAG Schleswig-Holstein, Urteil vom 15.11.1995 – 3 Sa 404/95.
[160] BVerfG, Urteil vom 02.07.2001 – 1 BvR 2049/00.
[161] Müller, NZA 2002, Seite 424, 433.

Betriebsratsmitglied im Unternehmen und übergab diese aus *eigenem Antrieb* heraus der Staatsanwaltschaft. Der Arbeitgeber wusste zum damaligen Zeitpunkt nichts von dem Verhalten seines Arbeitnehmers, kündigte das Arbeitsverhältnis jedoch *fristlos*, nachdem er davon erfuhr. Der Arbeitgeber begründete die fristlose Kündigung mit der *unaufgeforderten Übergabe von Unterlagen an die Staatsanwaltschaft.* Daraufhin klagte der Arbeitnehmer.

Der Kündigungsschutzklage des Klägers wurde vom *ArbG Bochum* erstinstanzlich *stattgegeben* und es wurde festgestellt, dass die fristlose Kündigung *unwirksam* sei.[162] Daraufhin legte der Arbeitgeber *Berufung* beim *LAG Hamm* ein, woraufhin die erstinstanzliche Entscheidung *ohne weitere Beweisaufnahme* abgeändert und die Kündigungsschutzklage vollumfänglich *abgewiesen wurde.*[163] Das Rechtsmittel der *Revision* gegen das Urteil wurde im vorliegenden Streitfall vom *LAG Hamm* nicht zugelassen. Aus diesem Grund legte der Beschwerdeführer *Beschwerde* ein, welche ebenfalls vom *BAG* mangels Darlegung bzw. Vorliegen einer *Divergenz*,[164] als *unbegründet* zurückgewiesen wurde.

In dem sich anschließenden *Verfassungsbeschwerdeverfahren* stellte das *BVerfG* im Nachgang fest, dass es unzulässig sei, einen Arbeitnehmer ohne Weiteres fristlos zu kündigen, nur weil dieser im Ermittlungsverfahren Aussagen gegen seinen Arbeitgeber gemacht hat. Das *LAG Hamm* hat fälschlicher Weise unterstellt, der Arbeitnehmer hätte eine Strafanzeige erstattet, vielmehr leitete jedoch die Staatsanwaltschaft selbst das Ermittlungsverfahren von Amts wegen ein.[165]

Im vorliegenden Streitfall wurde demzufolge gerügt, dass das *LAG Hamm* ohne weitere Beweisaufnahme von einem besonderen, nicht nachweisbaren *Belastungseifer* des Arbeitnehmers ausgegangen war. Weiter hätte berücksichtigt werden müssen, dass der Arbeitnehmer mit seinen Aussagen gegenüber der Staatsanwaltschaft und der Übergabe von Unterlagen in dem *Glauben* durchführte, *„die von der Rechtsordnung aufgestellten Pflichten zu erfüllen; die Zeugenpflicht sei eine allgemeine Staatsbürgerpflicht.“*[166]

---

[162] ArbG Bochum, Urteil vom 22.07.1999 – 3 (1) CA 238/98.
[163] LAG Hamm, Urteil vom 20.02.2000 – 3 Sa 1463/99; Müller, NZA 2002, Seite 424, 433.
[164] Krüger in: Krüger / Rauscher, Münchner Kommentar zur ZPO, 2016, § 543, Rn. 13 ff.
[165] Deiseroth, AuR 2002, Seite 161, 162.
[166] BVerfG, Urteil vom 02.07.2001 – 1 BvR 2049/00.

Daher kann es nicht richtig sein, dass eine Person, die die Pflichten des Rechtsstaats erfüllt, im Anschluss *zivilrechtliche Nachteile* erleidet. Vorliegend sei die Kündigung *nicht* mit *Art. 2 Abs. 1* i.V.m. dem *Rechtsstaatsprinzip* des *Art. 20 Abs. 3 GG* und *§ 626 BGB* vereinbar. Aus diesem Umstand ergibt sich, dass zukünftig im *Abwägungsprozess staatsbürgerliche Pflichten* bevorzugt gegenüber *arbeitsvertraglichen Rücksichtnahmepflichten* zu behandeln sind.[167] Daraus lässt sich ableiten, dass es keinen Unterschied machen kann, ob ein betroffener Arbeitnehmer zukünftig sein staatsbürgerliches Recht ausübt oder ob er mit einer Strafanzeige gegen seinen Arbeitgeber das Verfahren ins Rollen bringt. Auch wenn vorliegend der Beschwerdeführer freiwillig und aus eigenem Antrieb heraus die Staatsanwaltschaft aufsuchte und umfangreiche Aussagen und Unterlagen lieferte, hätte der verfassungsrechtliche Aspekt vom *LAG Hamm* dringend berücksichtigt werden müssen.

Nur durch ein solches Vorgehen kann die verfassungsrechtliche Pflicht des Staates im Interesse der Allgemeinheit erfüllt werden.

Dieser neue Impuls aus dem Jahr 2001 stärkte die zukünftige Position von Whistleblowern sehr, da hier die Grundrechte des Arbeitnehmers in den Mittelpunkt bei der Beurteilung gerückt wurden. An diesem „Grundsatzurteil" des BVerfG ist besonders hervorzuheben, dass die Arbeitnehmerstellung gegenüber der Arbeitgeberstellung selten durch ein Gericht mit einer solchen Eindeutigkeit herausgearbeitet und gestärkt wurde, wie es vorliegend der Fall war.[168]

---

[167] Schulz, ArbRAktuell 2017, Seite 10, 11.
[168] v. Busekist / Fahrig, BB 2013, Seite 119, 121.

VII. Der Sozialarbeiter-Fall aus dem Jahr 2003

Die soeben ausgeführten Argumente wurden zwei Jahre später durch das *BAG* bestätigt.[169]

Vorliegend erstattete ein *Sozialarbeiter* gegen seinen Vorgesetzten, den Leiter einer Jugendeinrichtung und nicht gegen den Arbeitgeber selbst, *Strafanzeige*. Bereits 2000 gab es zwischen den Parteien Auseinandersetzungen bzgl. Arbeitszeitabrechnungen und Arbeitsplänen. Der Grund für die Anzeige resultierte aus dem Umstand, dass der Verdacht wegen der Veruntreuung von Geld zu Lasten des freien Trägers der Jugend-, Sozial- und Bildungseinrichtung im Raum stand.

Aufgrund der erstatteten Strafanzeige wurde ein *Ermittlungsverfahren* gegen den Einrichtungsleiter wegen *Untreue* eröffnet, welches jedoch nach Prüfung gem. *§ 179 Abs. 2 StPO eingestellt* wurde. Dieser Umstand führte dazu, dass der Sozialarbeiter als Konsequenz vom Leiter der Jugendeinrichtung *eine ordentliche und außerordentliche Kündigung* mit der Begründung, die erstattete und zudem noch unbegründete Strafanzeige habe zu einem *schweren Vertrauensbruch* zwischen den Parteien geführt, erhielt. Die Kündigung sei daher sozial gerechtfertigt und lässt eine künftige Fortsetzung des Arbeitsverhältnisses nicht zu.

Gegen die ausgesprochene *Kündigung* setzte sich der Arbeitnehmer zur Wehr und klagte beim zuständigen *ArbG Kassel*, welches vorliegend die *außerordentliche Kündigung* des Sozialarbeiters als *unwirksam* und die *ordentliche Kündigung* hingegen als *wirksam* angesehen hat. Der Sozialarbeiter legte daraufhin *Berufung beim LAG Hessen* ein. Das *LAG Hessen* kam zu dem Ergebnis, dass vorliegend beide Kündigungen, d.h. sowohl die *außerordentliche* als auch die *ordentliche Kündigung unwirksam und unzulässig* waren.[170]
Daraufhin legte der Arbeitgeber wiederrum *Revision* beim *BAG* ein was dazu führte, dass er vor dem II. Senat des BAG *Erfolg* hatte, da dieses die vom BVerfG aufgestellten Grundsätze bei der Wirksamkeitsprüfung der Kündigungen nicht als abschließend ansah, welche vorliegend als *Entscheidungshilfe* herangezogen wurden.

---

[169] BAG, Urteil vom 03.07.2003 – 2 AZR 235/02.
[170] LAG Hessen, Urteil vom 27.11.2001 – 15 Sa 411/01.

Im vorliegenden Fall muss gesagt werden, dass der *innerbetrieblichen Aufklärung,* welche nicht stattfand, eine besonders hohe Bedeutung beizumessen war.[171] Aufgrund der erstatteten Strafanzeige des Sozialarbeiters, brachte dieser seinen Arbeitgeber durch die entstandene negative Publik in eine existenzgefährdende Wirtschaftslage. In diesem Zusammenhang schützt *Art. 12 Abs. 1 GG* das rechtliche Interesse des Arbeitgebers und schreibt vor, dass es sein Recht ist, nur mit Arbeitnehmern zusammenzuarbeiten, welche *geschäftliche Unternehmensziele* fördern und das Unternehmen vor *Schäden* bewahren.[172]

Da die Vorinstanzen weder dem *Motiv* des Klägers für die Strafanzeige nachgegangen sind, noch die Frage geklärt wurde, ob dem Kläger ein Hinweis an den nächst höheren Vorgesetzten überhaupt zumutbar gewesen wäre, hob das *BAG* das Urteil auf und gab den Rechtsstreit zur weiteren Aufklärung und gerichtlichen Entscheidung an das *LAG Hessen* zurück.

VIII. Der Heinisch-Fall aus dem Jahr 2011

In diesem Teil der Arbeit soll ausführlich aufgezeigt werden, welche Abwägungshilfen und Lösungsansätze die deutsche Rechtsprechung zum Thema *Whistleblowing* entwickelt hat. Wie bereits mehrfach angesprochen, wird an dieser Stelle explizit auf das *Heinisch-Urteil*[173] des *EGMR* in Straßburg vom *21.07.2011* eingegangen. Durch die verschiedenen Instanzenzüge der Gerichtsbarkeiten wird an diesem Fall besonders deutlich, dass die Gerichte bei der Beurteilung des Sachverhalts jeweils andere Schwerpunkte gesetzt haben und hier keiner einheitlichen Linie gefolgt wurde.

1. Sachverhaltsdarstellung

Im *Heinisch-Fall* ging es darum, dass in einer staatlichen Berliner Einrichtung der Altenpflege, der *Vivantes GmbH,* Frau Heinisch gegen ihren Arbeitgeber *Strafanzeige* wegen besonders schweren Betrugs gem. *§ 263 Abs. 3 StGB* erstattet hat und am 19.01.2005 wegen wiederholter Erkrankung *ordentlich gekündigt* wurde. Daraufhin wandte sie sich an die Gewerkschaft *„ver.di"* welche ein Flugblatt druckte, auf welchem die *Strafanzeige* erwähnt und die erhaltene *Kündigung* als *„politische Disziplinierung, um*

---

[171] Deiseroth / Derleder, ZRP 2008, Seite 248, 249.
[172] Schaub / Koch, Arbeitsrecht von A-Z, 2018, Seite 1 ff.
[173] EGMR Straßburg, Urteil vom 21.07.2011 – Beschwerde Nr. 28274/08, Heinisch ./. Deutschland.

den berechtigten Widerstand (...) mundtot zu machen" bezeichnet wurde. Nachdem *Vivantes* von dem Flugblatt erfuhr, wurde Frau Heinisch mit der Verdachtsannahme, sie sei die Urheberin des Flugblatts am 09.02.2005 *fristlos gekündigt.*[174]

Der *Grund der Strafanzeige* resultierte aus dem Umstand, dass von ihr angezeigte Mängel und Missstände gegenüber der Geschäftsleitung hinsichtlich nicht eingehaltener Pflegestandards, die Erfassung fehlerhafter Pflegeleistungen und die mangelnde Personalausstattung schlichtweg ignoriert wurden und es zu einer unzureichenden Pflege und mangelnder Betreuung von alten und hilfebedürftigen Menschen kam. Diese Missstände mahnte sie mehrfach an, da aufgrund von Personalmangel weder eine ausreichende hygienische Grundversorgung der Pflegeheimbewohner gegeben war, noch eine hinreichende Dokumentation und ärztliche Versorgung zum damaligen Zeitpunkt sichergestellt werden konnte.

Zuvor hatte sich die Klägerin im Rahmen von formularmäßigen *Überlastungsanzeigen* bemerkbar gemacht, ebenso über ihren *Rechtsanwalt* und zum Schluss wies die Beschwerdeführerin mit dem *Flugblatt* im Unternehmen auf die Missstände hin. *Heinisch* gab als *Begründung* an, dass die Heimbewohner keine adäquaten Gegenleistungen für ihre monatlichen Zahlungen erhalten würden.

Ergänzend dazu muss an dieser Stelle angemerkt werden, dass bereits ein Jahr zuvor *Pflegemängel* bei einer stattgefundenen Qualitätsprüfung des medizinischen Dienstes der Krankenkassen (MDK) im betroffenen Altenpflegeheim festgestellt wurden. Zu diesem Zeitpunkt wurde mit einer Kündigung des Versorgungsvertrags gedroht. Eine weitere Qualitätsprüfung wurde unmittelbar vor der Anzeigenerstattung der Klägerin durchgeführt.

---

[174] Reinhardt-Kasperek / Kaindl, BB 2018, Seite 1332, 1333.

2. Besonderheiten

Vorab ist anzumerken, dass der EGMR in Straßburg bei dem Fall *Heinisch* zum ersten Mal die Möglichkeit hatte, sich zum Thema *Whistleblowing* bei Strafanzeigen mit deutscher Rechtsprechung zu äußern.

Der Grund dafür resultierte aus dem Umstand, dass einerseits das *BAG* die Revision gegen die zuvor ergangene Entscheidung des *LAG Berlin* nicht zuließ[175] und andererseits das *BVerfG* es ohne Angabe von Gründen ablehnte, die Verfassungsbeschwerde zur Entscheidung anzunehmen.

3. Instanzenzüge

a) LAG Berlin

Das *LAG Berlin*[176] sah die fristlose Kündigung als wirksam an und führte aus, dass die Klägerin ihre Anzeige leichtfertig auf *Tatsachen* stützte, welche sie im Prozess *nicht beweisen konnte*. Dazu zählte der angeblich bestehende Personalmangel im Unternehmen, aus welchem der Pflegenotstand und der Abrechnungsbetrug resultierten.

Das *LAG Berlin* sah in dem Verhalten der Klägerin nicht, dass es dieser in erster Linie um die Verhinderung der Mängel im Altenpflegeheim ging, sondern vielmehr um das Ausüben von Druck auf ihren Arbeitgeber. Dieser Verdacht ergab sich für das Gericht aus der Tatsache, dass die Klägerin vor ihrer Strafanzeige nicht das Ergebnis der zweiten Qualitätsprüfung des MDK abwartete, sondern ihre Strafanzeige zuvor erstattete, obwohl davon ausgegangen werden konnte, dass der MDK erneut Missstände rügen würde, da er dies bereits ein Jahr zuvor getan hatte.

---

[175] BAG, Beschluss vom 06.06.2007 – 4 AZN 487/06 (nicht veröffentlicht).
[176] LAG Berlin, Urteil vom 28.03.2006 – 7 Sa 1884/05.

b) BAG Erfurt

Aufgrund der Tatsache, dass das *LAG Berlin* die ausgesprochene Kündigung für wirksam erklärt hat, wandte sich Frau Heinisch am 28.03.2006 an das *BAG* mit einer *Nichtzulassungsbeschwerde*, welche jedoch zurückgewiesen wurde. Die in diesem Zusammenhang erhobene Beschwerde wurde ohne Angaben von Gründen nicht zur Entscheidung angenommen, was dazu führte, dass die Beschwerdeführerin den *EGMR* in Straßburg angerufen hat.

c) EGMR Straßburg

Die Altenpflegerin macht vor dem EGMR eine Verletzung ihrer *Rechte auf Meinungsäußerung gem. Art. 10 EMRK* geltend was dazu führte, dass es am 21.07.2011 zum Urteil des EGMR kam.[177] Wie bereits oben beschrieben, wurde Frau *Heinisch* wegen einer erstatteten Strafanzeige gegen ihren Arbeitgeber gekündigt, eine auf Gesundheits- und Altenpflege spezialisierte und überwiegend im Landeseigentum Berlin stehende GmbH.

Der *EGMR* hatte nun die Aufgabe zu prüfen, ob in dem bestätigten Urteil des *LAG Berlin* zur Kündigungswirksamkeit ein Verstoß gegen *Art. 10 EMRK*, dem *Recht auf Freiheit* und *Meinungsäußerung* lag.[178] Dabei ging der *EGMR* so vor, dass er die *Pflicht zur Loyalität und Vertraulichkeit* der Arbeitnehmerin *Heinisch* gegen das *Recht auf freie Meinungsäußerung* am Arbeitsplatz abgewogen hat. Für die Interessenabwägung wurde dazu folgender *Kriterienkatalog* erarbeitet und entwickelt:[179]

- Besteht bei der Strafverfolgung ein *öffentliches Interesse* an den Missständen im Unternehmen?
- Ist die *Information fundiert* und die Informationsweitergabe *zuverlässig* und *wahr?* (Soweit es zu diesem Zeitpunkt geprüft werden kann.)
- Was für ein *Schaden* entsteht dem Arbeitgeber durch eine Strafanzeige und überwiegt dieser gegenüber dem *öffentlichen Interesse?*

---

[177] Meyer-Ladewig / Brunozzi in: Meyer-Ladewig / Nettesheim / v. Raumer, Handkommentar zur EMRK, 2017, Art. 10, Rn. 1 ff.
[178] Lewis / Bowers QC / Fodder / Mitchell, Whistleblowing, Law and Practice, 2017, Kapitel 18, The European Concention on Human Rights, 18.04 ff.; 18.15 ff.
[179] Ebenda.

- Was für ein *Motiv* veranlasst einen Arbeitnehmer zur Strafanzeige gegen seinen Arbeitgeber?
- Ist der Eingriff *notwendig*?
- Besteht ein dringendes *gesellschaftliches Bedürfnis*?
- Erscheint der Eingriff zur Verwirklichung dieses Bedürfnisses *geeignet, erforderlich* und *angemessen* oder steht eine *diskretere Möglichkeit* zur Verfügung, um die vorhandenen Missstände zu beseitigen, z.B. ein *vorrangiges Aufsuchen innerbetrieblicher Abhilfe?*
- Welche *Sanktionen* und *Folgen* drohen dem Arbeitnehmer durch die Erstattung einer Strafanzeige?

Diese Abwägung der Interessen führte im Ergebnis dazu, dass die Erstattung der Strafanzeige unter den Schutz des *Art. 10 EMRK* fiel, was bedeutete, dass die fristlose Kündigung *rechtswidrig* war und die Altenpflegerin *ungerechtfertigt gekündigt* wurde, da in ihr Recht auf freie Meinungsäußerung eingegriffen wurde.[180] Vorliegend bestand die Schwierigkeit darin, *Arbeitgeberinteressen* gegen *Arbeitnehmerinteressen* unter *Berücksichtigung von öffentlichen Interessen* gegeneinander abzuwägen.[181] Dabei kam der *EGMR* bedenkenlos zu der Übereinstimmung, dass die *wirtschaftlichen Interessen* des Arbeitgebers, sprich der *Ruf*, gegenüber dem *öffentlichen Interesse* an Missständen im Bereich der Altenpflege, stark dominieren und es konnte zweifellos festgestellt werden, dass an den gemeldeten Pflegemissständen von Frau *Heinisch* sehr wohl ein öffentliches Interesse bestand. Der *EGMR* stütze sich dabei auf das Argument, dass die Leidtragenden hier alte Menschen in Pflegeeinrichtungen seien, welche besonders verwundbar und schutzwürdig sind.

Dieser Umstand führte dazu, dass Deutschland zu einer *Entschädigungszahlung* verurteilt wurde, da im Fall *Heinisch* die Kündigung einer Hinweisgeberin aufrechterhalten werden konnte. Das strafrechtliche Verfahren wurde gem. *§ 170 Abs. 2 StPO* eingestellt. Ferner ist zu sagen, dass sich die Parteien in der sich anschließenden *Restitutionsklage* vor dem *LAG Berlin* verglichen haben, das Arbeitsverhältnis zwischen ihnen aufgehoben wurde

---

[180] Lewis / Bowers QC / Fodder / Mitchell, Whistleblowing, Law and Practice, Kapitel 18, The European Concention on Human Rights, 18.15 ff.; Ulber, NZA 2011, Seite 962.
[181] EGMR Straßburg, Urteil vom 21.07.2011 – Beschwerde Nr. 28274/08, Heinisch ./. Deutschland; Abraham, ZRP 2012, Seite 11; Simon / Schilling, BB 2011, Seite 2421, 2426 f.

und Frau *Heinisch* eine Entschädigungszahlung i.H.v. 90.000,00 Euro erhielt und heute Frührentnerin ist.

Insbesondere der dargestellte Fall illustriert, wie komplex und fehleranfällig der Prozess eigentlich war, was durch die vielfach beschrittenen Instanzenzüge und die unterschiedlichen Interessen der Parteien im Nachhinein sehr deutlich wurde.

Zusammenfassend ist nochmals zu wiederholen, dass in Konfliktfällen zunächst der Versuch einer *innerbetrieblichen Abhilfe* unternommen werden muss und nur in bestimmten Fällen ein *externer Abhilfeversuch* bzw. ein *außerbetriebliches Anzeigerecht* zugebilligt wird,[182] sprich die Öffentlichkeit vorab zu informieren ist in diesem Zusammenhang *ultima ratio.*[183] Des Weiteren spielt die Frage, ob überhaupt ein *öffentliches Interesse* an der Information besteht oder nicht, ob diese *fundiert* ist, welcher *Schaden* dem Arbeitgeber durch eine Offenlegung entsteht und welches *Motivationsinteresse* der Arbeitnehmer hat, eine wichtige Rolle.

Des Weiteren lässt sich aus *Art. 46 EMRK* eine *Bindungswirkung* für Gerichtsurteile des EGMR ableiten.[184] Dabei ist die Besonderheit, dass von der Auffassung abgewichen werden kann, soweit weiterhin die Schutzstandards der *Europäischen Menschenrechtskonvention (EMRK)* gewahrt werden. In Bezug auf den *Heinisch-Fall* bedeutet das, dass die Entscheidung aus dem Jahr 2011 eine Orientierungshilfe darstellt, nicht jedoch ein ausschließlich bindender *Präzedenzfall* und auch *kein Grundsatzurteil.*[185]

---

[182] Ulber, NZA 2011, Seite 962.
[183] Eufinger, ZRP 2016, Seite 229, 231.
[184] Meyer-Ladewig / Brunozzi in: Meyer-Ladewig / Nettesheim / v. Raumer, Handkommentar zur EMRK, 2017, Art. 46, Rn. 25.
[185] Forst, NJW 2011, Seite 3477, 3482.

4. Resonanz und Folgen in Deutschland nach dem Heinisch-Urteil

Der *EGMR* hat in diesem Streitfall Neuland betreten. Es muss gesehen werden, dass der *EGMR* hier als *europäische Institution* fungierte, welcher normalerweise über Menschenrechtsbeschwerden aus 47 Staaten entscheidet, mit Richtern aus ganz Europa besetzt ist und andere Rechtsansichten als deutsche Richter bei Entscheidungen vertritt.[186]

Fest steht, dass der *EGMR* durch seine Rechtsprechung die Richtung für künftige Whistleblowing-Entscheidungen vorgegeben hat, da hier ein derartiger *Kriterienkatalog* entwickelt wurde, welchen man in der deutschen Rechtsprechung bisher in diesem Umfang noch nie vorgefunden hat.

Befürworter vertreten die Ansicht, dass das Urteil eine Stärkung für die Rechte von Whistleblowern aufweist,[187] da es vorliegend zu einer klar formulierten Richtung gekommen ist, nämlich dass die erstattete Strafanzeige unter den Geltungsbereich der *Freiheit auf Meinungsäußerung* gem. *Art. 10 EMRK* fällt. Mit dieser Signalwirkung sollen Arbeitnehmer gestärkt und dazu ermutigt werden, betriebliche Rechtsverstöße oder Fehlverhalten in Unternehmen anzuzeigen. Für die *nationale Rechtsprechung* führte das Urteil auch zur Berücksichtigung einer *Drittwirkung* arbeitsrechtlicher Sanktionen sowie zu einer verschärften *Wirksamkeitsprüfung[188]* bei Kündigungen von Arbeitnehmern da *Art. 10 EMRK* in keinem Widerspruch zur deutschen Rechtsprechung steht, sondern vielmehr an das Rechtsstaatsprinzip des *Art. 2 GG* anknüpft.[189]

Kritiker vertreten die Ansicht, dass das Urteil keinen *Freibrief* für Arbeitnehmer darstellt, um sanktionsfreie Strafanzeigen gegen Arbeitgeber zu erstatten. Der Fall *Heinisch* müsse vielmehr als eine besondere *Einzelfallentscheidung* angesehen werden, da durch die Abwägung vor allem das *öffentliche Interesse* der Gesellschaft im Vordergrund stand. Weiter wird kritisch geäußert, dass der *EGMR* lediglich den in Deutschland geltenden *Kriterienkatalog[190]* des *BAG* und des *BVerfG* bestätigt und ausgeschmückt hat.[191] Unklar bleibt auch weiterhin, wie intensiv sich ein Arbeitnehmer im Vorfeld um eine

---

[186] Simon / Schilling, BB 2011, Seite 2421, 2427.
[187] Abraham, ZRP 2012, Seite 11 f.
[188] Ulber, NZA 2011, Seite 962, 963 f.
[189] Forst, NJW 2011, Seite 3477, 3480.
[190] Walk, GWR 2011, Seite 453 f.; Forst, NJW 2011, Seite 3477, 3480.
[191] Forst, NJW 2011, Seite 3477, 3480.

innerbetriebliche Abhilfe bemühen muss bzw. wie viel Zeit zunächst vergehen muss, um sich an eine *externe Stelle* zu wenden.

Eine weitere Besonderheit zeigt das Urteil auch in Bezug auf den negativen Effekt einer Kündigung, da hier deutlich wird, wie die deutsche eher *arbeitgeberfreundliche Jurisdiktion* aufgebrochen wurde.[192]

In Deutschland hat der Fall *Heinisch* zur Sensibilisierung für den Schutz von Whistleblowern beigetragen, nicht jedoch zu einer konkreten gesetzlichen Regelung geführt.[193]

IX. Der Kurzarbeiter-Fall aus dem Jahr 2012

Das *LAG Schleswig-Holstein*[194] stand als eines der ersten Gerichte vor der Herausforderung, die vom *EGMR* im Fall *Heinisch* aufgestellten *Bewertungskriterien* zum Thema *Whistleblowing* als Rechtsgrundlage anzuwenden. Im vorliegenden Streitfall ging es um einen angestellten *Vertriebsingenieur*, welcher gekündigt wurde und bei welchem das Arbeitsverhältnis hilfsweise gem. *§§ 9, 10 KSchG* aufgelöst wurde. Der Grund dafür resultierte aus dem Umstand, dass der Arbeitnehmer seinen Arbeitgeber wegen unberechtigter *Inanspruchnahme von Kurzarbeitergeld* bei der Bundesagentur für Arbeit meldete.[195]

Vorliegend wandte sich der Kläger per *Email* am 23.02.2011 an die Bundesagentur für Arbeit und teilte mit, dass sein Arbeitsverhältnis seitens des Arbeitgebers gekündigt wurde, weil die Kurzarbeit in ein paar Monaten ausläuft.[196] Weiter führte er aus, dass bei ihm und bei den anderen Arbeitnehmern im Unternehmen die Kurzarbeit von Beginn an nur als *Druckmittel* eingesetzt wurde, um Aufhebungsverträge zu schließen und um Kosten im Unternehmen zu sparen. Aus diesem Grund sei *unberechtigterweise Kurzarbeitergeld* für den Betrieb in Anspruch genommen wurden. Daraufhin erstattete der Vertriebsingenieur eine *Missbrauchsanzeige* gegen seinen Arbeitgeber. Weiter teilte der

---

[192] Abraham, ZRP 2012, Seite 11 f.
[193] Groß / Platzer, NZA 2017, Seite 1097, 1098.
[194] LAG Schleswig-Holstein, Urteil vom 20.03.2012 – 2 Sa 331/11.
[195] v. Busekist / Fahrig, BB 2013, Seite 119, 123.
[196] LAG Schleswig-Holstein, Urteil vom 20.03.2012 – 2 Sa 331/11.

Arbeitnehmer in diesem Zusammenhang mit, dass er bereit ist, seine Behauptung mit Fakten zu untermauern und Beweise für die Verhaltensweise seines Arbeitgebers zu liefern. Nach Erhalt dieser E-Mail, erstattete die Bundesagentur für Arbeit sofort gegen den Arbeitgeber *Strafanzeige* bei der Staatsanwaltschaft wegen *Betrug*, was zu einem *Ermittlungsverfahren* führte.

Im Ermittlungsverfahren gab das *LAG Schleswig-Holstein* dem Auflösungsvertrag gem. *§§ 9, 10 KSchG* statt. Nachdem sich das *LAG Schleswig-Holstein* zuvor die Rechtsprechung des *EGMR* in Sachen *Heinisch* aus dem Jahr 2011 pauschal ansah wurde festgestellt, dass bestimmte Situationen es rechtfertigen, in welchen ein Arbeitnehmer dazu berechtigt ist trotz der *Loyalitäts-* und *Vertraulichkeitsverpflichtung* aus seinem Arbeitsverhältnis, gegenüber seinem Arbeitgeber nach außen hin ohne vorherigen internen Abhilfeversuch, tätig zu werden.[197]

Ferner war festzustellen, dass eine weitere *zukünftige Zusammenarbeit* zwischen den Parteien nicht mehr zu erwarten war.[198] Diese Vermutung ergab sich aus dem Umstand, dass sich der Arbeitnehmer erst nach Erhalt seiner Kündigung an die Bundesagentur für Arbeit wandte und Strafanzeige erstattete. Wegen des vorliegenden Arbeitnehmerverhaltens konnte der Arbeitgeber zukünftig erwarten und auch davon ausgehen, dass jede Meinungsverschiedenheit zwischen den Parteien zu einer Strafanzeige bzw. zu starken Unternehmensbelastungen des betrieblichen Friedens führen wird.[199] Aus diesem Grund war das *LAG Schleswig-Holstein* vorliegend der Meinung, dass es dem Arbeitgeber zukünftig nicht *zugemutet* werden kann, dass Arbeitsverhältnis mit dem Arbeitnehmer fortzuführen. Die Kündigung des Arbeitnehmers war somit rechtswirksam.

---

[197] EGMR Straßburg, Urteil vom 21.07.2011 – Beschwerde Nr. 28274/08, Heinisch ./. Deutschland.
[198] LAG Schleswig-Holstein, Urteil vom 20.03.2012 – 2 Sa 331/11.
[199] Ebenda.

X. Ursachen für die unterschiedlich gesprochenen Entscheidungen der Gerichtsbarkeiten

Wirft man einen Blick auf die Entwicklung der deutschen Rechtsprechung, so lässt sich durch vergangene Entscheidungen feststellen, dass vorhandene Missstände teilweise zu einem viel früheren Zeitpunkt hätten aufgedeckt werden können, wenn Warnungen eher Gehör gefunden hätten. Diese Tatsache scheint traurig, bestätigt sich aber leider im Rückblick.

Weiter stellt sich die Frage, woraus sich die Ursachen für die gegensätzlichen Entscheidungen der Gerichtsbarkeiten ergeben.

Da das deutsche Arbeitsrecht, wie auch andere Rechtsgebiete, von einem gewissen Maß an *Rechtsunsicherheit* geprägt ist, gesetzliche Vorschriften lückenhaft sind bzw. nicht existieren, kommt es zum Eingriff von *Rechtsprechung* und *Einzelfallentscheidungen.* Anders als ein Gesetz, können diese Einzelfallentscheidungen keine Vielzahl von Fällen abdecken, welche sich aus der täglichen Unternehmenspraxis ergeben. Ohne das Tätigwerden des Gesetzgebers haben Richter bei ihren Entscheidungen einen gewissen Ermessensspielraum, da die Beurteilung mit Hilfe von Generalklauseln erfolgt und es hier zur Anwendung von *Richterrecht* kommt. Weiter tritt bei näherer Betrachtung der Fall ein, dass es für gegensätzliche Entscheidungen auch immer darauf ankommt, aus welcher Sichtweise der Streitfall im Einzelnen beurteilt wird.

- *Spielen hier Arbeitgeberinteressen, Arbeitnehmerinteressen oder das öffentliche Informationsinteresse als Beitrag zur Rechtsdurchsetzung eine entscheidende Rolle?*

An dieser Stelle kann auf das *Kapitel D* in der vorliegenden Arbeit verwiesen werden, in welchem die verschiedenen Interessen der Beteiligten im Einzelnen ausgeführt wurden.

Weiter lässt sich der Rechtsprechung aus der Vergangenheit entnehmen, dass die verschiedenen Gerichte unterschiedliche Schwerpunkte und Prioritäten bei ihrer Entscheidungsfindung berücksichtigen. Beispielsweise legt der *BGH* seinen *Entscheidungsschwerpunkt* auf die *Grundrechte des Whistleblower* und den *Zeitpunkt der Informierung* der Öffentlichkeit. Das *BVerfG* hingegen legt seinen *Schwerpunkt* auf die

Grundrechte des Arbeitgebers und bindet in diesem Zusammenhang die *Rechtmäßigkeit der Informationsbeschaffung* in seine Beurteilung mit ein. Bei der Beleuchtung von *BAG-Entscheidungen* fällt auf, dass sich anfangs vor allem mit der *Motivation des Hinweisgebers* auseinandergesetzt wird und mit dem *Wahrheitsgehalt des Sachverhalts* gegenüber der Öffentlichkeit. Bis auf vereinzelte Ausnahmen, ist dem *LAG* bei der Aufdeckung von *Gefahren* das *öffentliche Informationsinteresse* kein besonderer Stellenwert zuzurechnen, was traurig erscheint. Diese Aussage lässt sich damit belegen, dass trotz der möglichen Gesundheitsgefährdung der Menschen beispielsweise im *BSE-Fall*,[200] die Durchführung von Vorverfahren nicht als entbehrlich angesehen wurde, was seit dem *Heinisch-Urteil*[201] vom *EGMR* jedoch als nicht mehr haltbar erscheint. Gerade wenn es um ein besonders *schützenswertes öffentliches Interesse* bei den Zuständen in öffentlichen Pflegeheimen geht, sprich im Gesundheitssektor oder im Lebensmittelsektor, muss ein solches *öffentliches Interesse* bestehen, welches Berücksichtigung findet.

Stellt man sich nun an dieser Stelle nochmals die Frage nach den *Ursachen* der unterschiedlich gesprochenen Entscheidungen kann dies nur mit der Antwort, dass es hier aufgrund fehlender gesetzlicher Regelungen zur Anwendung von *Richterrecht* kommt, beantwortet werden.

XI. Zwischenergebnis

Die Rechtsprechungsentwicklung zum Thema zeigt, dass nach und nach *verschiedene Kriterien* erarbeitet und entwickelt wurden. Faktoren wie beispielsweise die *Berechtigung zur Erstattung einer Strafanzeige* oder der *Vorrang* eines Versuchs von *innerbetrieblicher Abhilfe*, welche den *Interessenabwägungsprozess* unterstützen soll, können hier angeführt werden. Danach wird die Erstattung einer Anzeige des Arbeitnehmers dann als zulässig angesehen, wenn ein zuvor versuchter *innerbetrieblicher Abhilfeversuch aussichtslos bzw. erfolglos* war.

---

[200] LAG Schleswig-Holstein, Urteil vom 15.11.1995 – 3 Sa 404/95.
[201] EGMR Straßburg, Urteil vom 21.07.2011 – Beschwerde Nr. 28274/08, Heinisch ./. Deutschland.

Im *Heinisch-Fall* kam es durch den *EGMR* ergänzend zur Berücksichtigung des *öffentlichen Interesses* an der Strafverfolgung, als ein weiterer entscheidender Prüfungspunkt. In diesem Zusammenhang wurde auch nochmals die gesamtgesellschaftliche negative Auswirkung einer Kündigung wegen Whistleblowing, betont.

Sofern die verschiedenen Gerichte zukünftig auf den *Kriterienkatalog* des *EGMR* zurückgreifen, wird das Ergebnis bei der Abwägung ohne eine gesetzliche Regelung auch weiterhin unterschiedlich gewichtet werden.

H. Status quo zum Whistleblowing

Wie bis heute unschwer zu erkennen ist, gibt es keine gesetzliche Vorschrift in Deutschland welche speziell dem Schutz von Whistleblowern dient.[202] Ferner existiert bei diesem Thema starke *Rechtsunsicherheit* und *Rechtsunklarheit*. *Lewis* beschreibt die heutige Rechtslage in Deutschland wie folgt: *„German Whistleblower have a hard time making their case. "*[203]

Dennoch zeigt die Vielzahl von über 30 Abhandlungen aus der Vergangenheit zu *Gesetzesvorhaben,   Versuchen*   und   *Debattenbeiträgen,*[204]   *„alle   lieb(t)en Whistleblowing "*[205] doch bis heute konnte sich eine gesetzliche Regelung in Deutschland nicht durchsetzen. Allein die Tatsache, Arbeitnehmer müssen sich auf die Rechtsprechungs-Praxis verlassen, bringt ein hohes Maß an *Frustration* mit sich, gerade für einen nicht juristisch bewanderten Arbeitnehmer.

- *Kann dieses Dilemma für Hinweisgeber befriedigend sein, zumal Whistleblowing ein staatlich durchaus erwünschtes Verhalten darstellt und nicht per se als verwerfliches Denunziantentum hingestellt werden kann?*

Laut einer *Studie*[206] von *Freshfields Bruckhaus Deringer* steht auf *internationaler* und *nationaler* Ebene das Thema *Whistleblowing* auf der Prioritätenliste sehr weit unten. Konkret bedeutet das, dass das Thema an Wichtigkeit *7 %* auf internationaler Ebene und lediglich *3 %* in Deutschland einnimmt.[207] Diese Prozentzahlen ergeben sich aus einer Umfrage von weltweit 2.500 Managern aus mittleren und höheren Führungsebenen verschiedener Branchen. Der Studie lässt sich entnehmen, dass für Manager vor allem das strategische Wachstum und die Umsatzsteigerung an erster Stelle stehen (45 %), gefolgt von der Nachwuchsgewinnung (39 %) und der Cyber-Sicherheit (31 %) sowie Risiken durch Mitbewerber auf dem entsprechenden Markt (31 %). Der Umfrage ist weiter zu entnehmen, dass sich Unternehmen dem potenziellen Risiko von Whistleblowing und

---

[202] Worth, Whistleblowing in Europe – Legal protection for Whistleblower in the EU 2013, Seite 8 ff.; Eufinger, ZRP 2016, Seite 229, 230; Benne, CCZ 2014, Seite 189.
[203] Lewis, A Global Approach to Public Interest Disclosure, 2010, Seite 24.
[204] Paschke / Jessen, RdTW 2015, Seite 1.
[205] Hefendehl in: Böse / Sternberg-Lieben, FS für Knut Amelung zum 70. Geburtstag, 2009, Seite 617.
[206] Freshfields Bruckhaus Deringer, Global whistleblowing survey 2014: Fair game or foul play?, Seite 11.
[207] Die Zahl für die BRD wurde auf Anfrage von Freshfields Bruckhaus Deringer mitgeteilt.

deren Folgen nicht bewusst sind.[208] 41 % der deutschen Arbeitnehmer gaben an, dass *keine Strukturen* zu Whistleblowing-Regelungen in ihren Unternehmen existieren und mehr als 2/3, sprich 57 % der Befragten erklärten, dass Hinweisgeber mit Benachteiligungen bzw. mit einer Kündigung zu rechnen hätten, wenn es zur Meldung von Missständen im Unternehmen kommt.

Nach Auswertung dieser Studie kann nur dazu appelliert werden, gesetzliche Regelungen zum Thema *Whistleblowing* einzuführen, da nur so Hemmschwellen für zukünftige Hinweisgeber abgebaut werden können, was zu mehr Rechtssicherheit führt. Würde man dem Whistleblower mit einer *gesetzlichen Verankerung* aufzeigen, an wen er sich wenden muss und wie das Ablaufverfahren im Einzelnen aussieht, hätte das den weiteren Vorteil, schneller wieder zum Arbeitsalltag zurückzukehren. Nur durch eine klare und eindeutige Rechtslage bestünde die Möglichkeit, Rechtsverstöße an Behörden zu melden, ohne das Hinweise sogleich als eine Art *Vertrauensverlust* eingestuft werden würden und wohlmöglich eine *(unberechtigte) Kündigung* mit sich bringen.

Es dürfte einleuchtend sein, dass sich der Anknüpfungspunkt für einen gesetzlichen Whistleblower-Schutz aus dem *Arbeitsrecht* ergeben sollte,[209] was die *Verfasserinnen* zum Anlass genommen haben, um eine *eigene Empfehlung für eine gesetzliche Vorschrift in Kapitel H. II. 4.* zu entwickeln.

I. Gesetzliche Regelungen in anderen Ländern

Wirft man einen Blick zum Thema *Whistleblowing* auf die *internationale Ebene,* werden beispielsweise in den *USA, Frankreich* und *Großbritannien* Arbeitnehmer dazu *ermutigt* und gleichzeitig *gesetzlich geschützt*, wenn sie vorhandene Missstände aufdecken.[210]

In einigen westlichen Staaten besteht sogar die Möglichkeit, Whistleblowing auf *interner-* und *externer* Ebene parallel durchzuführen.[211] Dieses Verfahren wird beispielsweise durch die Whistleblower-Gesetzgebung in *Großbritannien*, dem sogenannten *Public Interest Disclosure Act* (PIDA) umgesetzt, womit das Land eine

---

[208] Freshfields Bruckhaus Deringer, Global whistleblowing survey 2014, Fair game or foul play?, Seite 11.
[209] Koch, ZIS 2008, Seite 500, 504.
[210] Forst, NJW 2011, Seite 3477.
[211] Kölbel / Herold, MSchrKrimm 2010, Seite 424, 431.

Vorreiterrolle eingenommen hat.[212] Dabei kommt es zur Anwendung von *common law*, d.h. es kommt zu Einzelfallentscheidungen,[213] bei welchen der britische Whistleblower einen sehr umfangreichen Schutz genießt. An diesem gelebten Gesetzgebungsverfahren orientieren sich auch andere Länder wie beispielsweise *Südafrika* und *Japan*.[214]

In *Frankreich* spricht man in Bezug auf Whistleblowing von der *Alerte professionelle* bzw. der *Alerte éthique*.[215] Hier ist es durch *Art. L 1161-1 Code du travail* dem Hinweisgeber frei überlassen, zwischen dem *internen* und *externen* Whistleblowing zu wählen.[216]

Mit Blick in die *Vereinigten Staaten* kann festgestellt werden, dass hier seit dem 19. Jahrhundert *Bundes-* und *Einzelstaatengesetze*, sogenannte *„Whistleblower Acts"*[217] zum Schutz von Whistleblowern existieren und Hinweisgebern ein hohes soziales Ansehen entgegengebracht wird.[218] Beispielsweise kürte im Jahr 2002 das Magazin *Times* drei Hinweisgeberinnen mit dem Titel: *„Person of the Year."*[219] Weiter trat der Fall ein, dass andere Whistleblower durch ihre Geschichte zu regelrechten *Berühmtheiten* wurden und sogar Kinofilme darüber verfilmt wurden.[220]

In den USA existieren zwei grundlegende Gesetze zum Thema *Whistleblowing*. Zum einen handelt es sich um den sogenannten *False Claims Act*, welcher aus der Zeit des amerikanischen Bürgerkriegs 1863 stammt.[221] Dieses Gesetz wurde ursprünglich zur Verhinderung von Sabotagen in der Unionsarmee erlassen und findet bis heute Anwendung.

---

[212] Blumer / Dahinden / Francolino / Nieffer in: Whistleblowing Report 2018, Seite 11; Lewis, Whistleblowing at Work, 2001, Seite 10 ff.
[213] Thüsing / Forst in: Thüsing, Beschäftigtendatenschutz und Compliance, 2014, § 6, Rn. 7; Kölbel / Herold, MSchrKrimm 2010, Seite 424, 426.
[214] Lewis / Homewood, Five Years of PIDA, Web JCLI 2004, Seite 1 ff.
[215] Barriére, La Semaine Juridique Entreprise et Affaires, 2011, Seite 1527, 1529.
[216] Thüsing / Forst in: Thüsing, Beschäftigtendatenschutz und Compliance, 2014, § 6, Rn. 16.4.
[217] Bürkle, DB 2004, Seite 2158; Müller, NZA 2002, Seite 424, 425.
[218] Ebenda.
[219] Lipman, Whistleblower, 2012, Seite 69 ff.; Times, The Whistleblowers: 2002, Hinweisgeberinnen: *Cynthia Cooper* (WorldCom), *Coleen Rowley* (FBI), *Sherron Watkins* (Enron-Skandal), https://content.time.com/time/specials/packages/article/0,28804,2019712_2019710_2019677,00.html (aufgerufen am 05.07.2018).
[220] Kinofilme: *„The Insider"* (1999), https://www.kino.de/film/insider-1999/ (aufgerufen am 05.07.2018); *„Silkwood"* (1983), https://www.kino.de/film/silkwood-1982/ (aufgerufen am 05.07.2018).
[221] Thüsing / Forst in: Thüsing, Beschäftigtendatenschutz und Compliance, 2014, § 6, Rn. 4; Lipman, Whistleblower, 2012, Seite 141 ff.; Reiter, RIW 2005, Seite 168, 170.

Die zweite gesetzliche Grundlage bildet der *Whistleblower Protection Act* aus dem Jahr 1989. Bei diesem Act wird Whistleblowern ein Schutz im Staatsdienst gewährleistet. Dieser Schutz erstreckt sich jedoch nicht auf Veröffentlichungen, welche die Arbeitsstelle betreffen und auch nicht auf Geheimdienstmitarbeiter. Dieser Umstand führte dazu, dass im Oktober 2012 *Barack Obama* einen Zusatzartikel zur Erweiterung unterzeichnete, um auch *interne* Missstände, d.h. Missstände innerhalb der Geheimdiensthierarchie bzw. in Extremfällen auch in *externe* festgelegte Ämter mit einzuschließen.

In den USA müssen durch den im Jahr 2002 eingeführten *Sarbanes-Oxley Act (SOX)* börsennotierte Gesellschaften, sprich auch internationale Unternehmen, Whistleblowing-Systeme etablieren, wodurch ein noch umfassenderer Schutz geschaffen wurde.[222]

II. Etablierung einer gesetzlichen Whistleblowing-Regelung in Deutschland

Würde man in Deutschland eine *Pflicht zum Whistleblowing* einführen, so wären Arbeitnehmer gezwungen, Rechtsverstöße bei zuständigen Behörden zu melden.

Die Pflicht zur Anzeige ist in Deutschland bisher nur selten vertreten, lediglich aus *§ 138 StGB* ergibt sich eine strafbewehrte Pflicht zur Anzeige von schwerwiegenden Straftaten.[223]

In diesem Zusammenhang bedarf es zunächst der Überlegung, wo eine mögliche Whistleblowing-Regelung etabliert werden könnte. Hier bestünde die Möglichkeit, ein eigenes *Hinweisgeberschutzgesetz* zu erlassen oder die Schutznorm in ein bereits *bestehendes Gesetz* wie beispielsweise in das *BGB* aufzunehmen.[224]

---

[222] Sec. 301 SOX; Blumer / Dahinden / Francolino / Nieffer in: Whistleblowing Report 2018, Seite 11; du Plessis / Saenger in: du Plessis / Großfeld / Luttermann / Saenger / u.a., German Corporate Governance in International and European Context, 2017, Seite 545; Lipman, Whistleblower, 2012, Seite 1 ff.; Simon / Schilling, BB 2011, Seite 2421; Schürrle / Fleck, CCZ 2011, Seite 218; Reufels / Deviard, CCZ 2009, Seite 201; Reiter, RIW 2005, Seite 168; Hemeling, CCZ 2010, Seite 21, 24.
[223] Heuchemer in: v. Heintschel-Heinegg, Kommentar zum Strafgesetzbuch, § 138 StGB, Rn. 1.1.; Reinhardt-Kasperek / Kaindl, BB 2018, Seite 1332; Eufinger, ZRP 2016, Seite 229, 230; Raus / Lützeler, CCZ 2012, Seite 96, 100.
[224] Leuchten, ZRP 2012, Seite 142, 145.

Die *Verfasserinnen* vertreten die Auffassung, dass ein eigenständiges Whistleblowing-Gesetz an dieser Stelle nicht als geeignet erscheint, da ein solches Gesetz nur zu weiteren Zersplittungen des Arbeitsrechts führen würde, was so nicht gewollt sein kann.

Auf eine bereits bestehende gesetzliche Regelung zurückzugreifen, wäre dementsprechend vom Vorteil. Würde z.b. ein *Anzeigerecht* in *§ 612 a BGB* normiert werden, bedarf es in diesem Zusammenhang *keiner speziellen zusätzlichen Regelung* für ein *Benachteiligungsverbot* mehr, da hier die gesetzliche Vorschrift rekurriert werden könnte.[225] Weiter bedürfe es in diesem Zusammenhang keiner zusätzlichen Regelung zu *Rechtsfolgen*, dem *Leistungsverweigerungsrecht* von Arbeitnehmern oder dem gesetzlichen Hinweis von *internen Hinweisgeber-Systemen*, da hier auf bereits bestehende Vorschriften zurückgegriffen werden könnte.[226] Aus diesen genannten Gründen erscheint es sinnvoll, das *BGB* als rechtlichen Anknüpfungspunkt für eine Whistleblowing-Regelung zu wählen.

Eine gesetzliche Verankerung scheint, wie es auch die bisher gescheiterten Gesetzesentwürfe vorgesehen hatten, um *§ 611 ff. BGB* als eine passende Regelungsmaterie.[227] Eine Verankerung in *§ 612 a* oder *b BGB* wäre sinnvoll, da somit hervorgehoben werden würde, dass es sich durch die Nähe zum *Maßregelungsverbot* in *§ 612 a BGB* um ein nicht zu benachteiligendes Anzeigerecht zugunsten des Arbeitnehmers handelt, da sich die Parteien *(Arbeitgeber, Arbeitnehmer)* in einer machtungleichen Position befinden und ihre Rechte und Pflichten nicht auf Augenhöhe aushandeln können.

1. Rechtlicher Rahmen und inhaltlicher Umfang

Weiter erscheint es bei einer Etablierung wichtig, die *gesetzliche Regelung* um *Rechtsverletzungen* zu erweitern.[228] Dementsprechend müsste eine gesetzliche Verankerung dahingehend ausformuliert werden, dass ein *gestuftes Anzeigerecht* implementiert wird, d.h. es erscheint sinnvoll, zunächst einen *internen Anzeigeversuch* zu unternehmen und bei keiner oder nicht ausreichender Abhilfe auf ein *externes Whistleblowing* zurückzugreifen, wodurch dem betroffenen Arbeitnehmer dann freistehen

---

[225] Rudkowski, CCZ 2013, Seite 204, 208; v. Busekist / Fahrig, BB 2013, Seite 119, 124.
[226] Ebenda.
[227] Lingemann / v. Steinau-Steinrück / Mengel, Employment & Labor Law in Germany, 2016, Part II Statutory Material, Seite 124.
[228] Forst, EuZA 2013, Seite 37, 68.

würde, an welchen externen Adressaten er sich konkret wenden möchte. Dieser Grundgedanke bedarf jedoch einer *Ausnahmeregelung*, sprich wann diese Vorschrift keine Anwendung findet, z.B. sobald *unmittelbare Gefahren* für bestimmte Rechtsgüter, *Straftaten* oder die *eigene Straftat* bei einer Nichtanzeige drohen.

Eine weitere Idee wäre das Einrichten einer speziellen *Whistleblower-Behörde*, was jedoch an dieser Stelle etwas übertrieben erscheint. Begründet werden kann dies damit, dass eine solche Behörde eingegangene Hinweise an zuständige Stellen weiterleiten müsste, was dem Ziel nicht dienlich erscheint und den Vorgang auch nicht beschleunigt.[229] Sinnvoll erscheint jedoch die Überlegung, einzelne Personen in Behörden als *Whistleblower-Beauftragte* in Zukunft zu ernennen, um Ansprechpartner vor Ort zur Verfügung zu stellen.

2. Rechtsfolgen

Eine gesetzliche Anknüpfung zur Regelung von *Rechtsfolgen* beim Whistleblowing sollte an *§ 612 a BGB* gekoppelt werden. In *§ 612 a BGB* ist bisher von dem wohl am häufigsten eintretenden Fall die Rede, die *Kündigung* des Arbeitnehmers als schärfste Sanktion der zulässigen Rechtsausübung,[230] obwohl es in den meisten Fällen für eine *außerordentliche verhaltensbedingte Kündigung* an einer *Pflichtverletzung* fehlt und sich die Kündigung als *unzulässig* erweist.[231]

Aufgrund dieser rechtlichen Problematik, möchten die *Verfasserinnen* nachfolgend im *Unterpunkt 4.* auf die eigenständig neu verfasste Vorschrift des *§ 612 a Anzeigerecht BGB n.F.* aufmerksam machen, umso dem Thema Whistleblowing mehr Rechtssicherheit und Beständigkeit zu geben.

---

[229] Forst, SGb 2014, Seite 413 ff.
[230] Linck in: Ascheid / Preis / Schmidt, Großkommentar zum Kündigungsrecht, 2017, § 612 a BGB, Rn. 16.
[231] Forst, EuZA 2013, Seite 37, 75.

3. Vorschlagsempfehlung

Die *Verfasserinnen* vertreten die Meinung, dass eine Whistleblowing-Regelung nicht aus dem Boden gestampft werden muss, da es bereits eine Reihe von internationalen Vorschlägen für einen Whistleblower-Schutz auf deutschem Staatsgebiet *de lege lata* gibt. Die Empfehlung einer *Whistleblower-Vorschrift* durch eine gesetzliche Verankerung ist auch in der deutschen Gesetzgebungsgeschichte *kein Novum* mehr. Wie bereits erwähnt, gab es in der Vergangenheit verschiedene Gesetzesentwürfe, welche ein gewisses Maß an Grundlagen liefern. Warum sich die *Gesetzesinitiativen* z.B. im Jahr *2008*[232] zur externen Anzeige interner Rechtsverstöße für Arbeitnehmer oder auch *2010*[233] der *Bundesdatenschutzgesetz-Entwurf (BDSG-E)* zum Beschwerderecht des Arbeitnehmers gegenüber Datenschutzbehörden nicht gesetzlich umsetzen ließen, lässt sich nur mit der Unschlüssigkeit über die Ausgestaltung von Hinweisgebersystemen begründen.[234]

Einige *Whistleblower-Befürworter*[235] sahen in den Entwürfen eine Verbesserung der bisherigen Rechtsunsicherheit sowie einen Informantenschutz gegenüber der Wirtschaft und Gesellschaft zur Korruptionsbekämpfung.[236] Gleichzeitig wurde argumentiert, dass eine gesetzliche Verankerung auch die *Leistungsbereitschaft*, *Motivation* und *Loyalität* der Arbeitnehmer im Unternehmen steigern würde, da keine negativen arbeitsrechtlichen Folgen mehr befürchtet werden müssten.

Kritiker hingegen sahen bei dem letzten Entwurf eine fehlende Regelung zum *Datenschutzrecht*, was gerade bei der Weiterverarbeitung von *personenbezogenen Daten* eine wichtige Rolle spielt.[237] Ebenso haben sie bei einer gesetzlichen Verankerung immer wieder das Contra-Argument angeführt, dass eine gesetzliche Regelung die „*Furcht zur Förderung von Denunziantentum*"[238] im Betrieb sei und die bisher vorhandene Rechtsprechung einen ausreichenden Rechtsschutz bietet. Durch gesetzliche

---

[232] Abraham, ZRP 2012, Seite 11.
[233] Schürrle / Fleck, CCZ 2011, Seite 218, 220.
[234] Ebenda.
[235] Whistleblower-Netzwerk e.V., Stellungnahme, https://www.fairness-stiftung.de/pdf/WBNW_zu_612a.pdf (aufgerufen am 22.06.2018); Döse, AuR 2009, Seite 189, 190.
[236] Reinhardt-Kasperek / Kaindl, BB 2018, Seite 1332, 1335; Döse, AuR 2009, Seite 189, 190.
[237] Thüsing / Forst in: Thüsing, Beschäftigtendatenschutz und Compliance, 2014, § 6, Rn. 9.
[238] Döse, AuR 2009, Seite 189, 191.

Whistleblower-Regelungen würde nur der *Betriebsfrieden* gestört werden und das *Vertrauensverhältnis* zwischen Arbeitnehmer und Arbeitgeber wäre in Gefahr.[239]

Die nachfolgend selbst entwickelte Regelung soll *primär* aufzeigen wie es möglich ist, den Rechtsdurchsetzungsinteressen *normativ* am besten Rechnung zu tragen.

4. Eigener Gesetzesentwurf der Verfasserinnen

§ 612 a Anzeigerecht BGB n.F.

(1) „Vertritt ein Arbeitnehmer die Ansicht, gesetzliche oder vertragliche Pflichten werden im Unternehmen bei einer unternehmerischen Tätigkeit verletzt, so hat er die Möglichkeit seinem Arbeitgeber oder einer zur innerbetrieblichen Klärung zuständigen Stelle, einen Hinweis zu geben und Abhilfe zu verlangen. Bleibt dieses Abhilfeersuchen erfolglos bzw. wird dem Verlangen auf Abhilfe nicht in einem ausreichenden Maß nachgekommen, besteht für den Arbeitnehmer das Recht, sich an eine zuständige behördliche Stelle zu wenden.

(2) Betrifft die Anzeige einen straf- oder bußgeldbewehrten Gesetzesverstoß, kann der Arbeitnehmer sich unmittelbar an die zuständige behördliche Stelle wenden. Kommt Satz 1 nicht zur Anwendung, bedarf es einem vorherigen internen Abhilfeverfahren, soweit ein solcher dem Arbeitnehmer zumutbar ist. Eine Zumutbarkeit kann dann angenommen werden, wenn sich dem Arbeitnehmer aufdrängen muss, dass eine interne Abhilfe mit großer Wahrscheinlichkeit, rechtzeitig und ausreichend erfolgen wird.

(3) Tritt der Fall ein, dass der Anzeige des Arbeitnehmers wissentlich oder leichtfertig falsche Angaben zugrunde liegen, entfällt das Recht einer Anzeige gegenüber einer zuständigen behördlichen Stelle.

(4) Eine Abweichung der Vorschrift zu Ungunsten des Arbeitnehmers ist in diesem Zusammenhang nicht zulässig. "[240]

5. Zwischenergebnis

Wie oben beschrieben, bedarf es bei einer Verankerung der Beachtung vieler entscheidender Faktoren, um dem Ziel des Schutzes und der Wahrung der Rechtsordnung gerecht zu werden. Eine solche Verankerung würde einen sehr wichtigen Aspekt innerhalb des BGB, im zukünftigen Kontext des Dienstvertragsrechts (§§ 611 ff. BGB) darstellen, da es bis heute kein einheitliches Arbeitsvertragsgesetz gibt.

---

[239] Link in: Schaub, Arbeitsrechts-Handbuch, 2017, § 53, Rn. 14.
[240] Eigener Gesetzesentwurf der Verfasserinnen.

Unter Berücksichtigung der genannten Faktoren können die *Verfasserinnen* eine gesetzliche Verankerung einer *Whistleblowing-Regelung* nur begrüßen, weshalb ein eigener Gesetzesentwurf zum Thema vorgestellt wurde, welcher für mehr *Transparenz* und *Rechtssicherheit* sorgt. Nur durch eine Etablierung dieser Art könnte das Thema *Whistleblower-Schutz* mit dem Grundsatzgedanken in Deutschland: *„We are under a Constitution AND the Constitution is, what the LAW say it is."* 2018 tatsächlich geregelt werden. Dieser Ansatz wäre vor allem deshalb wichtig, da die bisherige *Nichtregelung* ein großes *Armutszeugnis* für Deutschland in der Welt darstellt.

III. Weitere Maßnahmen zur Förderung von Whistleblowing

Als eine weitere Maßnahme zur Förderung von Whistleblowing-Konflikten könnte darüber nachgedacht werden, ein *Qui tam-Verfahren*[241] in Deutschland einzuführen oder *Vergütungsanreizsysteme* in Unternehmen zu etablieren.

1. Qui tam-Verfahren

Das *Qui tam-Verfahren* stammt aus den USA. Es ermöglicht bei Rechtsverstößen Privatpersonen im Namen des Staates, ein Verfahren einzuleiten ohne dabei selbst von einem angezeigten Missstand betroffen zu sein.[242] Diese Art des Verfahrens ist in den USA zuhause und wird dort als ein Kontrollinstrument eingesetzt. Dabei handelt es sich um Klagen, bei denen der Kläger für den Staat und gleichzeitig aus eigenem Interesse handelt.[243] Ca. 90 % der Betrugsklagen stammen dabei aus dem *medizinischen Bereich*. Dieses Verfahren soll dazu beitragen, dem Ermittlungsnotstand vor Ort entgegen zu wirken und die Bürger an der Strafverfolgung bzw. Gesetzgebungsdurchsetzung zu beteiligen (*private enforcement*).[244]

Dabei ergibt sich die Besonderheit, dass der Bürger bei diesem *Zivilstrafverfahren* selbst das Prozessrisiko trägt[245] und die meisten Prozesse aus *Individualmotiven*[246] hervorgehen, welche mit dem öffentlichen Interesse keineswegs korrespondieren. Im Gegenteil, über

---

[241] Kölbel, JZ 2008, Seite 1134, 1137.
[242] Kölbel / Herold, MSchrKrimm 2010, Seite 424, 430.
[243] Kesselheim / Studdert / Mello, NEJM 2010, Seite 1832.
[244] Kölbel, NStZ 2009, Seite 312, 318.
[245] Berndt / Hoppler, BB 2005, Seite 2623, 2625.
[246] Kesselheim / Studdert / Mello, NEJM 2010, Seite 1832, 1834.

90 % der Klagen werden erfolglos eingestellt und verbrauchen lediglich Justizressourcen.[247]

Mit Blick auf *Deutschland*, ist hier jedoch bei der Strafverfolgung keine Mitwirkung durch Privatpersonen vorgesehen.[248] Der Grund dafür resultiert aus dem Umstand, dass Privatpersonen zumeist nicht über die Ressourcen verfügen, um die notwendigen Beweismittel in vollem Umfang für ein Ermittlungsverfahren herbeizuführen. Daher lässt sich an dieser Stelle sagen, dass das *Qui tam-Verfahren* zwar als eine weitere Möglichkeit zur Förderung von Whistleblowing angesehen werden kann, sich für *Deutschland* aber nicht eignet, da zunächst eine Implementierung von Privatklagen eingeführt werden müsste, was nicht vorgesehen und auch nicht umsetzbar erscheint.[249]

2. Vergütungsanreizsysteme

Als eine weitere Möglichkeit zur Förderung von Whistleblowing kommen *Vergütungs-anreizsysteme* in Betracht.[250] Bei der Verwendung solcher Systeme handelt es sich um eine deutlich niederschwellige Maßnahme, ähnlich wie bei dem vorgestellten *Qui tam-Verfahren*, da nämlich auch hier der Hinweisgeber das Prozessrisiko trägt. Da es in den meisten Fällen dazu kommt, dass eine Fortsetzung des Arbeitsverhältnisses zwischen *Hinweisgeber* und *Arbeitgeber* eher unwahrscheinlich ist, könnte ein solches *Vergütungsanreizsystem* einen finanziellen Anreiz zum arbeitsrechtlichen Schutz bieten. Durch diese Art der *(Fang)prämie* könnte das Thema *Whistleblowing* für Arbeitnehmer attraktiver werden und würde nicht in jedem Fall totgeschwiegen werden.[251]

Dem gegenüber stehen jedoch auch starke Bedenken, beispielsweise staatliche *Missbrauchsgefahren* wenn z.B. Beschäftigte schon bei nichtigen Anlässen eine Anzeige erstatten, um so in den Genuss der *Prämie* zu kommen, was zu einem *räuberischen Whistleblowing* führen kann.[252] Ferner könnte es dazu kommen, dass bei *staatlichen*

---

[247] Kölbel, NStZ 2009, Seite 312, 318.
[248] Buchert, CCZ 2013, Seite 144, 147.
[249] Kölbel, JZ 2008, Seite 1134, 1141.
[250] Bueren, ZWeR 2012, Seite 310 ff.
[251] Buchert, CCZ 2013, Seite 144 ff.; Wrase / Fabritius, CCZ 2011, Seite 69, 70.
[252] Fleischer / Schmolke, NZG 2012, Seite 361, 364.

Prämien der Anreiz an unternehmensinternen *Compliance-Maßnahmen* verloren geht, was der Arbeitgeber ja gerade zum Schutz gegen Missstände im Unternehmen einrichtet.[253]

3. Zwischenergebnis

Um einen wirksamen Whistleblower-Schutz zu gewährleisten, bedarf es *Rechtssicherheit* in Form eines *gesetzlichen Anzeigerechts.* Auch wenn die vorgestellten weiteren Maßnahmen zur Förderung von Whistleblowing als ein *„nice to know"* erscheinen, stecken sie dennoch für Deutschland in den Kinderschuhen und sind zum heutigen Zeitpunkt nicht empfehlenswert bzw. nicht umsetzbar.

---

[253] Wrase / Fabritius, CCZ 2011, Seite 69, 71.

I. Gender Equality beim Whistleblowing

Nach Vorstellung der verschiedenen Maßnahmen zur Förderung von Whistleblowing kommt es am Rande zu der Frage, ob das Thema bei der *Geschlechterforschung* eine Rolle spielt. Dem *Report to the Nations 2018*[254] ist zu entnehmen, dass auffällig mehr *männliche Personen* zu Whistleblowern werden als *weibliche Personen*.

Bei der *Auswertung einer Grafik aus dem Report* zeigt sich, dass *73 % der Täter männliche Personen* in Managerpositionen waren und im Durchschnitt *Schäden* i.H.v. *USD 165,000* verursacht haben. *Frauen* hingegen lagen als Täterinnen bei *27 %* und ihre *Schadenshöhe* belief sich auf durchschnittlich *USD 128,000* in Positionen als Managerinnen. Ferner spielt bei näherer Betrachtung die *Region*, der *Bildungsgrad* und das *Alter* eine entscheidende Rolle.

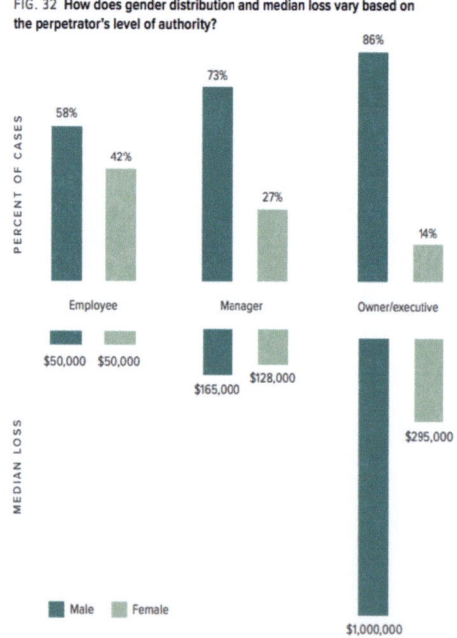

FIG. 32 How does gender distribution and median loss vary based on the perpetrator's level of authority?

---

[254] Dorris in: Report to the Nations 2018, Seite 39 ff., https://s3-us-west-2.amazonaws.com/acfepublic/2018-report-to-the-nations.pdf (aufgerufen am 07.05.2018).

Rothschild und *Miethe* vertreten in der Literatur hingegen die Ansicht, dass es beim Whistleblowing *keinerlei* Unterschiede in Bezug auf das Geschlecht gibt.[255] Sie kommen an dieser Stelle lediglich zu der Erkenntnis, dass *Frauen* mehr die *interne* Möglichkeit der Informationsweitergabe bevorzugen als die *externe* Option. *Männer* hingegen verhalten sich anders. Viele Betroffene ziehen, wenn sie älter sind und nur noch eine kurze Beschäftigungsdauer im Unternehmen zu absolvieren haben, das *externe* Whistleblowing vor.[256]

---

[255] Rothschild / Miethe, Whistle-Blower Disclosures and Management Retaliation, 1999, Seite 107 ff.
[256] Ebenda.

J. Compliance und die arbeitsrechtliche Implementierung im Unternehmen

Zunächst soll der Begriff *Compliance* erläutert werden.

Compliance steht für das *Einhalten von Gesetzen und Richtlinien* und für das Befolgen von *freiwilligen Verhaltensrichtlinien* im Unternehmen.[257]

Der *Sinn und Zweck* der Einführung von betriebsinternen Meldesystemen besteht darin, eine *regelkonforme Unternehmenskultur* sicherzustellen, welche durch *Integrität, Transparenz, Fairness* sowie *Verantwortung* gegenüber Mitarbeitern geprägt wird.[258] Hierbei stellt die entgegengesetzte Situation den Ausgangspunkt dar, nämlich dass der Arbeitgeber den Arbeitnehmer dazu verpflichtet, *Fehlverhalten* Dritter im Unternehmen zu melden.

Einer aktuellen Studie zum Thema *Wirtschaftskriminalität* von *PwC* ist zu entnehmen, dass *2017 86 %* der Unternehmen in Deutschland über ein *freiwillig eingeführtes Whistleblowing-System* trotz fehlender rechtlicher Einrichtungsverpflichtung verfügen.[259] Im Jahr *2013* waren es noch *14 %* weniger.[260]

Seit geraumer Zeit und mit einer zunehmenden Frequenz im Jahr 2017, gibt es in Deutschland die Pflicht, Hinweisgebersysteme für spezielle Branchen zwingend einzurichten. Betroffene Branchen sind beispielsweise das *Kreditwesen § 25 a Abs. 1 S. 6 Nr. 3 KWG*, das *Versicherungswesen § 23 Abs. 6 VAG* sowie der *Kapitalanlagenbereich § 28 Abs. 1 S. 2 Nr. 9 KAGB*.[261]

---

[257] Raus / Lützeler, CCZ 2012, Seite 96; Hemeling, CCZ 2010, Seite 21.
[258] Schaupensteiner, NZA 2011, Beilage 1/2011, Seite 10.
[259] PricewaterhouseCoopers (PwC), Studie zur Wirtschaftskriminalität 2018, Seite 1, 44, https://www.pwc.de/de/risk/pwc-wikri-2018.pdf (aufgerufen am 17.07.2018).
[260] Helm, BB 2018, Seite 1538.
[261] Casper in: du Plessis / Großfeld / Luttermann / Saenger / u.a., German Corporate Governance in International and European Context, 2017, Seite 502; Egger, CCZ 2018, Seite 126, 127; Marsch-Barner, ZHR 181, 2017, Seite 847 f.

Nestler, Salvenmoser und *Bussmann* vertreten in diesem Zusammenhang die Auffassung, dass Hinweisgebersysteme eine *Win-Win-Situation* für den Informanten und für das Unternehmen darstellen und durchaus zu begrüßen sind.[262]

I. Möglichkeiten zur Implementierung

Durch den Einsatz von *internen Compliance-Beauftragten, Ombudspersonen* oder *Whistleblower-Hotlines* soll gewährleistet werden, betriebliche Missstände an verantwortliche Personen im Unternehmen zu melden, was gleichzeitig der Informationsgewinnung dient.[263]

Der *Compliance-Beauftragte* nimmt dabei nach Ansicht des *BAG* eine *Garantenstellung*[264] gem. *§ 13 Abs. 1 StGB* ein, welche ihn zur Abwendung unternehmensbezogener Rechtsverstöße und Straftaten von Mitarbeitern verpflichtet.[265]

Ist die Rede von einer *externen Ombudsperson*, so handelt es sich i.d.R. um einen *externen Rechtsanwalt, Wirtschaftsprüfer* oder *Steuerberater*, welcher mit der Entgegennahme von Hinweisen der Arbeitnehmer beauftragt wurde.[266]

Eine weitere Möglichkeit besteht durch die Implementierung eines *elektronischen Hinweisgebersystems* in Form einer *Whistleblowing-Hotline*.[267] Dem Arbeitnehmer droht dabei keinerlei Nachteil, wenn dieser das System im Unternehmen nutzt, da ihm gerade durch die Implementierung ein internes Anzeigerecht eingeräumt wird.[268]

---

[262] Schulz, BB 2011, Seite 629.
[263] Buchert in: Hauschka / Moosmayer / Lösler, Corporate Compliance, 2016, § 42, Rn. 19; Simon / Schilling, BB 2011, Seite 2421; Király, ZRP 2011, Seite 146, 149; Schaupensteiner, NZA 2011, Beilage 1/2011, Seite 10 f.
[264] Erb in: Joecks / Miebach, Münchner Kommentar zum StGB, 2017, § 34, Rn. 151.
[265] BGH, Urteil vom 17.07.2009 – 5 StR 394/08; Schmidl in: Hauschka / Moosmayer / Lösler, Corporate Compliance, 2016, § 28, Rn. 153.
[266] Buchert in: Hauschka / Moosmayer / Lösler, Corporate Compliance, 2016, § 42, Rn. 22; Moosmayer, Compliance, Praxisleitfaden für Unternehmen, 2015, Seite 62; Egger, CCZ 2018, Seite 126, 129.
[267] Buchert in: Hauschka / Moosmayer / Lösler, Corporate Compliance, 2016, § 42, Rn. 51; Simon / Schilling, BB 2011, Seite 2421.
[268] Wisskirchen / Körber / Bissels, BB 2006, Seite 1567, 1571.

Möchten Arbeitgeber Compliance-Regelungen, sprich *Whistleblower-Klauseln* für Arbeitnehmer einführen, bestehen verschiedene Möglichkeiten zur arbeitsrechtlichen Implementierung im Unternehmen. Zum einen wäre eine *Umsetzung durch das Direktionsrecht* des Arbeitgebers denkbar, weiter kommt eine *arbeitsvertragliche Vereinbarung* in Betracht und ggf. steht auch die *Umsetzung durch eine Betriebsvereinbarung* zur Verfügung.

1. Implementierung durch Direktionsrecht

Für den Arbeitnehmer ergibt sich aus seiner arbeitsvertraglichen Nebenleistungspflicht die Aufgabe, den Arbeitgeber über alle wesentlichen Vorkommnisse im Betrieb zu informieren um mögliche Schäden frühzeitig abzuwenden.[269] Der Arbeitgeber hat in diesem Zusammenhang die Möglichkeit diese Nebenleistungspflicht durch Ausübung seines *Direktionsrechts* zu konkretisieren, was gleichzeitig eine Möglichkeit zur Implementierung von *Whistleblower-Klauseln* darstellt, indem der Arbeitgeber *einseitig* die Erklärung vorgibt.[270] Die praktische Umsetzung ist durch Übergabe des *Verhaltenskodex* an den Mitarbeiter denkbar oder durch die Einstellung in das interne Intranet. Durch Ausübung des Direktionsrechts hat der Arbeitgeber die Möglichkeit, vorhandene vertragliche Pflichten aus dem *Arbeitsvertrag*, einer *Betriebsvereinbarung* oder einem anwendbaren *Tarifvertrag* zu konkretisieren, nicht jedoch selbst neue Verpflichtungen festzulegen.[271] In diesem Zusammenhang finden *§ 106 GewO* und *§ 315 BGB* Anwendung.[272]

2. Implementierung durch individualvertragliche Vereinbarungen

Ferner besteht für den Arbeitgeber die Möglichkeit, standardisierte vertragliche Compliance-Regelungen in Form von *Whistleblower-Klauseln* als *individualvertragliche Vereinbarungen* in den Arbeitsvertrag aufzunehmen bzw. diesen dadurch zu ergänzen. Bei der Neueinstellung von Mitarbeitern scheint eine vertragliche Einbeziehung von *Compliance-Regelungen* problemlos möglich, für Altarbeitnehmer jedoch nicht, da es sich hierbei um eine Ergänzungsvereinbarung des Arbeitsvertrags handelt.[273]

---

[269] BAG, Urteil vom 03.07.2003 – 2 AZR 235/02.
[270] Mengel, Compliance und Arbeitsrecht, 2009, Seite 12 f.
[271] Mengel / Hagemeister, BB 2007, Seite 1386 f.
[272] Mengel, Compliance und Arbeitsrecht, 2009, Seite 12.
[273] Mengel / Hagemeister, BB 2007, Seite 1386, 1390.

Regelmäßig kann davon ausgegangen werden, dass standardisierte *Whistleblower-Klauseln einseitig* gestellt werden und nicht zur Disposition stehen. Ferner betreffen diese eine *Vielzahl* von Verträgen und werden vom *Arbeitgeber* (Verwender), dem unterlegenen *Arbeitnehmer* bei Abschluss des Arbeitsvertrags vorgelegt, womit der *Anwendungsbereich gem. §§ 305 ff. BGB* eröffnet ist.[274] Die Einbeziehung der *Whistleblower-Klauseln* darf dabei den Arbeitnehmer *nicht unangemessen benachteiligen* und sie müssen *klar* und *verständlich* vorformuliert sein.

Um diesen Anforderungen gerecht zu werden, bedarf es einer *Inhaltskontrolle gem. §§ 307 ff. BGB*. Soweit kein Klauselverbot nach *§§ 308, 309 BGB* einschlägig ist, muss die Whistleblowing-Klausel einer Inhaltskontrolle am Maßstab der *Generalklausel gem. § 307 BGB* unterzogen werden. Die Klausel ist dann als unwirksam einzustufen, wenn sie den Arbeitnehmer nach dem *Gebot von Treu und Glauben* unangemessen benachteiligt. In diesem Zusammenhang gilt es zu hinterfragen, inwieweit eine vertragliche Erweiterung der Nebenleistungspflicht mit einer *Whistleblowing-Klausel* und der Vorschrift des *§ 307 Abs. 2 Nr. 1 BGB* in Einklang gebracht werden kann.

Hält eine *Whistleblower-Klausel* einer AGB-Kontrolle Stand, vertreten *Kock, Hagemeister* und *Mengel* aus der Literatur die Ansicht, dass die Ausgestaltung einer solchen Klausel eine Erweiterung der internen Anzeigepflicht darstellt, da sich hier Abweichungen oder Ergänzungen in einem gewissen Umfang ergeben.[275]

3. Implementierung durch Betriebsvereinbarungen

Ist im Unternehmen ein *Betriebsrat* vorhanden, so muss der Arbeitgeber bei der Implementierung, Änderung oder Aufhebung von *Compliance-Regelungen* diesen einschalten, da hier wesentliche Elemente mitbestimmungspflichtig sind, beispielsweise das Ordnungsverhalten von Arbeitnehmern im Betrieb gem. *§ 87 Abs. 1 Nr. 1 BetrVG*.[276] Dabei ist zu beachten, dass getroffene Betriebsvereinbarungen nicht gegen Grundgesetze oder höherrangiges Recht verstoßen dürfen.[277]

---

[274] Lingemann / v. Steinau-Steinrück / Mengel, Employment & Labor Law in Germany, 2016, Part II Statutory Material, Seite 111; Mengel, Compliance und Arbeitsrecht, 2009, Seite 27, 30 ff.
[275] Mengel / Hagemeister, BB 2007, Seite 1386, 1390.
[276] Mengel, Compliance und Arbeitsrecht, 2009, Seite 35; Fahrig, NJOZ 2010, Seite 975, 978; Mengel / Hagemeister, BB 2007, Seite 1386, 1391 f.
[277] Mengel, Compliance und Arbeitsrecht, 2009, Seite 35 f.

Für die Implementierung eines umfassenden Compliance-Systems, scheint eine Betriebsvereinbarung eher *ungeeignet* zu sein, da diese Vereinbarung i.d.R. Vorschriften zum arbeitsvertraglichen Ordnungsverhalten im Unternehmen enthält oder Bestimmungen zur Verschwiegenheitspflicht, welche mitbestimmungspflichtig durch den Betriebsrat sind.[278]

4. Implementierung bei internationalen Konzernen

Auch wenn in der vorliegenden Arbeit keine weiteren Ausführungen zum *SOX* gemacht wurden, findet dieser Anwendung, wenn beispielsweise internationale Konzerne ihre Muttergesellschaft an der Börse in den USA notiert haben.[279] Ist das der Fall, sind Unternehmen dazu verpflichtet bestimmte *Verhaltens- und Ethikrichtlinien* in ihrem Unternehmen einzuführen und umzusetzen. Häufige Bestandteile einer solchen Richtlinie sind neben Verhaltensvorgaben für Arbeitnehmer auch *Whistleblower-Klauseln*. Dadurch werden Arbeitnehmer aufgerufen, Fehlverhalten im Unternehmen umgehend zu melden.[280]

An dieser Stelle stellt sich die Frage, inwieweit eine solche *Whistleblower-Klausel* für Arbeitnehmer verpflichtend ist, wenn der amerikanische Konzern eine *Zweigniederlassung in Deutschland* hat. Hier kann gesagt werden, dass für Deutschland die Anwendung dieser Klauseln fragwürdig erscheint, da es sich um eine Maßnahme handelt, bei welcher nach deutschem Recht der Betriebsrat zu beteiligen ist, soweit Ethikrichtlinien Regelungen über das Ordnungsverhalten im Unternehmen enthalten.[281]

Zwei gute Praxisbeispiele dazu lieferte der *US-amerikanische Einzelhandelskonzern Wal-Mart* 2005 und der *US-amerikanische Industriekonzern Honeywell* 2008.[282] In beiden Fällen wurde ein eigener Ethikkodex ausgearbeitet, welcher konzernweit eingeführt werden sollte, u.a. auch für Tochtergesellschaften außerhalb der USA.

---

[278] Mengel / Hagemeister, BB 2007, Seite 1386, 1391.
[279] Thüsing / Forst in: Thüsing, Beschäftigtendatenschutz und Compliance, 2014, § 6, Rn. 4; Reinhardt-Kasperek / Kaindl, BB 2018, Seite 1332, 1335; Eufinger, DB 2018, Seite 891; Schulz, BB 2011, Seite 629; Döse, AuR 2009, Seite 189, 191.
[280] Schulz, BB 2011, Seite 629.
[281] Mengel / Hagemeister, BB 2007, Seite 1386, 1393.
[282] LAG Düsseldorf, Urteil vom 14.11.2005 – 10 TaBV 46/05; ArbG Wuppertal, Urteil vom 15.06.2005 – 5 BV 20/05; Schulz, BB 2011, Seite 629; Wisskirchen / Körber / Bissels, BB 2006, Seite 1567.

In *Deutschland* sollte der Verhaltenskodex in beiden Unternehmen *ohne Beteiligung des Betriebsrats* umgesetzt werden. Weil die jeweiligen Ethikrichtlinien jedoch in den *Whistleblower-Klauseln* mitbestimmungspflichtige Elemente enthielten, war die geplante Umsetzung nicht möglich, da der Betriebsrat beteiligt werden musste. Dieser sah eine Verletzung des Mitbestimmungsrechts in der Einführung von mehreren Klauseln des Kodex in Bezug auf die Ordnung im Betrieb sowie das Verhalten der Arbeitnehmer im Unternehmen und stimmte nicht zu, sprich der Kodex war für die Tochtergesellschaften in Deutschland bedeutungslos und unwirksam.

Selbst bei ansässigen Tochtergesellschaften in Deutschland gilt das *Territorialitätsprinzip*, d.h. nationale Gesetze finden Anwendung und ausländische Vorschriften können diese nicht aushebeln.

Mit Hilfe der beschriebenen Beispiele soll verdeutlicht werden, dass hier die entgegengesetzte Situation den Ausgangspunkt bildet, nämlich das der Arbeitgeber die Arbeitnehmer gerade dazu verpflichten möchte, Fehlverhalten von Dritten im Unternehmen zu melden, was in Deutschland unzulässig ist.[283] In diesem Zusammenhang stellt *Deinert* fest: *„Wie weit eine solche Denunziation verpflichtend vorgeschrieben werden kann, ist für das deutsche Recht jedenfalls noch nicht geklärt. (...) die Diskussion ist hiermit eröffnet!"*[284]

Da die Problematik von geforderten Anzeigepflichten durch den *Arbeitgeber* vorliegend nicht den Schwerpunkt der Arbeit bildet, sollte an dieser Stelle lediglich kurz die *Kehrseite* des Whistleblowing aufgezeigt werden, nämlich der Wunsch von multinationalen Unternehmen ihre Mitarbeiter zu verpflichten, bestehende Missstände im Unternehmen anzuzeigen.

---

[283] Schulz, BB 2011, Seite 629.
[284] Deinert, AuR 2008, Seite 90 f.

II. Empfehlungen zur Implementierung

Für *betriebsratslose Unternehmen* ist aus Sicht des Arbeitgebers eine Umsetzung von Compliance-Regelungen per *Direktionsrecht* zu empfehlen, sprich mit Hilfe eines *Verhaltens-Kodex*. Begründet werden kann dies damit, da hier das *Blockaderisiko* durch den Arbeitnehmer am geringsten ist.

Befindet sich ein *Betriebsrat im Unternehmen,* ist eine Mitbestimmung unvermeidbar und eine *Betriebsvereinbarung* für mitbestimmungspflichtige Regelungen empfehlenswert. Sonstige Bestimmungen mit freiwilligen Regelungselementen sollten durch *Weisungsrecht* oder im *Arbeitsvertrag* schriftlich vereinbart werden.

Die Mitarbeiter des *Siemens* Konzerns haben z.B. die Möglichkeit, Unregelmäßigkeiten via Hotline *„Tell us"* zu melden.[285] *Bayer* und *BASF* haben für etwaige Hinweise eine Telefonhotline zu einer Anwaltskanzlei freigeschaltet.[286] *Lufthansa AG, o2 Telefónica Deutschland* und *Volkswagen* arbeiten mit den Rechtsanwälten *Buchert & Partner* als Ombudsperson zusammen.[287] Der Großkonzern *ThyssenKrupp* hat sich dazu entschieden, ein Whistleblowing-System zu errichten, bei welchem Hinweise elektronisch im Internet bzw. kostenlos über eine Hotline eingehen können.[288] Wirft man einen Blick in das Unternehmen der *Deutschen Bahn*, so nutzt dieser Konzern Online-Meldesysteme der *Potsdamer Business Keeper AG*, bei welchen ein elektronischer Postkasten als Anlaufstelle für Hinweisgeber in Anspruch genommen werden kann.[289]

---

[285] https://www.siemens.com/contact/en/compliance.htm (aufgerufen am 31.07.2018).
[286] http://www.manager-magazin.de/magazin/artikel/a-562441-7.html (aufgerufen am 22.06.2018).
[287] https://www.ombudsperson-frankfurt.de/de/mandate/ (aufgerufen am 31.07.2018).
[288] https://www.thyssenkrupp.com/de/konzern/whistleblower_system.html (aufgerufen am 22.06.2018).
[289] http://www.manager-magazin.de/magazin/artikel/a-562441-7.html (aufgerufen am 22.06.2018).

III. Meldesysteme und Datenschutz in Unternehmen

Beabsichtigt ein Unternehmen *interne Meldesysteme* einzuführen, so müssen *datenschutzrechtliche Aspekte* berücksichtigt werden.[290]

In Bezug auf das Thema Whistleblowing wirft die Thematik datenschutzrechtliche Probleme auf, da die *DS-RL keine expliziten Vorschriften zum Whistleblowing* enthält.[291] Nach Ansicht des *EuGH*, bezweckt die *DS-RL* eine *Vollharmonisierung*, sprich grundsätzlich dürfen Mitgliedsstaaten nicht von ihr abweichen.[292] Das Datenschutzrecht spielt gerade dann eine wichtige Rolle, wenn Hinweise eingehen und sich die Frage nach der *Speicherung, Weitergabe* oder *Weiterverarbeitung* von *personenbezogenen Daten* stellt, da es hierfür einer *Rechtfertigung* gem. *§ 4 Abs. 1 BDSG* bedarf.[293] Hier macht es einen entscheidenden Unterschied, ob die Weitergabe der personenbezogenen Daten innerhalb der *EU* oder in *Drittstaaten* erfolgt, da nach *§ 4 b Abs. 2 S. 2 BDSG* i.V.m. *Art. 25, 26 DS-RL* eine Übermittlung der Daten in Drittstaaten unzulässig ist, soweit die Staaten über ein unzureichendes Datenschutzniveau verfügen (z.B. *USA, Japan, BRICS-Staaten)*.[294] Nur in Ausnahmefällen greift *Art. 26 Abs. 1 lit. d) DS-RL.*

Auf *deutscher Ebene* findet *§ 28 Abs. 1 S. 1 Nr. 2 BDSG* Anwendung, welcher neben *§ 32 Abs. 1 S. 2 BDSG* parallel als Erlaubnisnorm einzuordnen ist.[295] Dafür muss das Unternehmen ein *berechtigtes Interesse* an den Daten haben und die schutzwürdigen Interessen des Arbeitnehmers dürfen nicht überwiegen.[296]

---

[290] Franzen in: Müller-Glöge / Preis / Schmidt, Erfurter Kommentar zum ArbR, 2018, § 32 BDSG, Rn. 22.
[291] Thüsing / Forst in: Thüsing, Beschäftigtendatenschutz und Compliance, 2014, § 6, Rn. 54.
[292] EuGH, Urteil vom 06.11.2003 – C-101/01.
[293] Schröder in: Forgó / Helfrich / Schneider, Betrieblicher Datenschutz, 2017, Teil V, Kap. 3, Rn. 52; Mengel, Compliance und Arbeitsrecht, 2009, Seite 201.
[294] Thüsing / Forst in: Thüsing, Beschäftigtendatenschutz und Compliance, 2014, § 6, Rn. 70 ff.; Mengel, Compliance und Arbeitsrecht, 2009, Seite 188 f.
[295] Franzen in: Müller-Glöge / Preis / Schmidt, Erfurter Kommentar zum ArbR, 2018, § 32 BDSG, Rn. 22.
[296] Schröder in: Forgó / Helfrich / Schneider, Betrieblicher Datenschutz, 2017, Teil V, Kap. 3, Rn. 53 f.; Schmidl in: Hauschka / Moosmayer / Lösler, Corporate Compliance, 2016, § 28, Rn. 333; Mengel, Compliance und Arbeitsrecht, 2009, Seite 203; Eufinger, DB 2018, Seite 891, 894; Wisskirchen / Körber / Bissels, BB 2006, Seite 1567, 1568.

Seit dem *25.05.2018* ist die *Datenschutz-Grundverordnung (DS-GVO)* in Kraft getreten, welche seither einige zusätzliche Anforderungen an das *BDSG* stellt.[297] Durch *Art. 15 DS-GVO* wird z.B. das *Auskunftsrecht der betroffenen Personen* deutlich ausgeweitet.[298] Ebenso ist die *Transparenz der Datenverarbeitung* im Rahmen der Interessenabwägung stärker zu berücksichtigen und seit *Ende Mai 2018* ist eine engere Abstimmung mit dem Datenschutzbeauftragten im Unternehmen erforderlich.[299]

Wie nicht unschwer zu erkennen war, standen vor einigen Wochen Unternehmen noch vor dem Problem, ihre Hinweisgeber-Systeme und Datenschutz-Regelungen an die neuen Anforderungen der DS-GVO anzupassen bzw. diese zu erweitern, um etwaige Rechtsverstöße zu vermeiden und um mehr Transparenz zu schaffen.[300]

---

[297] Forgó / Helfrich / Schneider, Betrieblicher Datenschutz, 2017, Teil I, Kap. 1, Rn. 54;
Buchner / Kühling in: Kühling / Buchner, Kommentar zur DS-GVO, 2017, Vorwort;
Wybitul, CCZ 2016, Seite 194.
[298] Franck in: Gola, Kommentar zur DS-GVO, 2017, Art. 15, Rn. 1 ff.;
Ehmann in: Ehmann / Selmayr, Kommentar zur DS-GVO, 2017, Art. 15, Rn. 1 ff.
[299] Wybitul, CCZ 2016, Seite 194 ff.
[300] Marsch-Barner, ZHR 181, 2017, Seite 847, 859.

K. Ausblick auf EU-Ebene zum Whistleblower-Schutz

Immer wieder gab es in der Vergangenheit positive *Anläufe* einer Etablierung zum Schutz von Whistleblower-Regelungen in deutsches Recht, beispielsweise den Vorschlag zur Ergänzung des *§ 612 BGB*, was sich jedoch nicht umsetzen ließ.

Im April 2018 hat die *Kommission in Brüssel* das Thema *Whistleblowing* erneut aufgegriffen und einen *EU-Richtlinienentwurf* zum Whistleblower-Schutz vorgestellt, was einen längst überfälligen Schritt darstellt.[301]

Der Grund dafür resultiert aus der Tatsache, dass seit Jahren die Forderungen von Seiten des Europäischen Parlaments und Empfehlungen des Europarats, einen einheitlichen *europäischen Mindeststandard* für den *Schutz von Whistleblowern* zu schaffen, immer lauter wurden.[302] Des Weiteren erhöhten Skandale wie *Dieselgate, Luxleaks oder die Panama-Papers* den Handlungsdruck.[303] Der Politik wurde dabei in der Vergangenheit wiederholt ihre eigene Hilflosigkeit aufgezeigt, nämlich das Missstände allein und ohne Hilfe von Insidern nur schwer entgegengewirkt werden konnte.[304]

Der im April vorgestellte EU-Richtlinienentwurf soll in diesem Zusammenhang ebenso die Problematik von *Betrug, Korruption* und *Steuerhinterziehung* zukünftig eindämmen, da es diese Straftaten bis heute sind, die den *EU-Haushalt* im dreistelligen Milliardenbereich *(geschätzt zwischen 179 bis 256 Mrd. Euro pro Jahr)* schädigen.[305]

---

[301] https://ec.europa.eu/germany/news/whistleblower20180423_de (aufgerufen am 29.07.2018);
https://www.tagesspiegel.de/politik/bruessel-eu-will-besseren-schutz-fuer-whistleblower/21198902.html
(aufgerufen am 29.07.2018).

[302] Schmitt, RdA 2017, Seite 365, 366; Klein, MMR-Aktuell 2018, Seite 1;
https://www.sueddeutsche.de/wirtschaft/eu-bruessel-whistleblower-schutz-1.3946256
(aufgerufen am 29.07.2018).

[303] https://ec.europa.eu/germany/news/whistleblower20180423_de (aufgerufen am 29.07.2018);
https://www.tagesspiegel.de/politik/bruessel-eu-will-besseren-schutz-fuer-whistleblower/21198902.html
(aufgerufen am 29.07.2018).

[304] https://www.zeit.de/politik/ausland/2018-04/eu-whistleblower-schutz-gesetz
(aufgerufen am 29.07.2018).

[305] Wiedmann / Greubel, Newsdienst Compliance 2018, Seite 1.

Im Ergebnis ist festzuhalten, dass der EU-Richtlinienentwurf zu einem ansehnlichen Vorschlag des Whistleblower-Schutzes im privaten und öffentlichen Sektor führt und interessante Stärken aufweist, beispielsweise:[306]

- *Die Motivation des Whistleblower tritt in den Hintergrund.*
- *Es zählt der Wert der Information.*
- *Unternehmen schon ab 50 Mitarbeitern / 10 Mio. Euro Umsatz pro Jahr müssen Hinweisgebersysteme einführen.*
- *Den Hinweisen muss nachgegangen und über den Verlauf Rechenschaft abgelegt werden.*
- *Behinderungen des Whistleblowings und Vergeltungsmaßnahmen aller Art sind unter Strafe zu stellen.*
- *Die Vertraulichkeit ist zu wahren.*
- *Die Beweislast im Fall von Verstößen trägt im Wesentlichen der Arbeitgeber.*

Inhaltlich regelt der EU-Richtlinienentwurf bisher nur das Anzeigerecht von Whistleblowern bei Rechtsbrüchen in bestimmten Bereichen, was jedoch noch um weitere Rechtsgebiete erweitert werden müsste, z.B. um Arbeitnehmerrechte über Handelsabkommen, Migration, Asyl, außenpolitische Angelegenheiten, Energierecht u.a. um mehr Schutz zu bieten. Sollten in diesem Zusammenhang nur die bisher beschriebenen Mindeststandards in deutsches Recht umgesetzt werden, bedeutet das, dass für potentielle Whistleblower kein *Mehrwert* an Schutz und Rechtssicherheit entsteht.

Abschließend ist zu sagen, dass sich Qualität und Folgen des EU-Richtlinienentwurfs für deutsche Whistleblower erst nach Umsetzung der Richtlinie in deutsches Recht zeigen wird. Der *Entwurf* der Kommission könnte jedoch die erwartete Abhilfe zum Whistleblower-Schutz schaffen und Deutschland zum Aufschwung verhelfen, da der Ruf des deutschen Gesetzgebers, die rechtliche Stellung von Whistleblowern zukünftig zu stärken, zunehmend lauter wird. Eine Verpflichtung von *robusten Hinweisgebersystemen* in Unternehmen wäre zukünftig bei der Umsetzung des Themas wünschenswert, um

---

[306] https://www.whistleblower-net.de/blog/2018/04/23/entwurf-einer-eu-richtlinie-zum-whistleblower-schutz/ (aufgerufen am 29.07.2018);
https://ec.europa.eu/germany/news/whistleblower20180423_de (aufgerufen am 29.07.2018).

Arbeitsbedingungen zu verbessern und Whistleblower stärker zu schützen.[307] Schaut man sich nämlich das Dilemma an, so existiert derzeit für den *Europäischen Binnenmarkt* ein kaum hinnehmbarer Flickenteppich mit abweichenden Regelungen, was inakzeptabel erscheint. Dient der vorgestellte Kommissionsentwurf demnach als Denkanstoß, ist er in jedem Fall zu begrüßen.

Nach intensiven Recherchen zu dieser Thematik ist dem noch hinzuzufügen, dass gerade einmal *zehn Mitgliedsstaaten* der *Europäischen Union* zu diesem Thema entsprechende Gesetze, darunter *Frankreich* und *Irland*, eingeführt haben. Die übrigen 18 EU-Staaten haben bisher nur wenige oder gar keine Regelungen zum Schutz von Whistleblowern erlassen.[308]

---

[307] Wiedmann / Greubel, Newsdienst Compliance 2018, Seite 1; Eufinger, ZRP 2016, Seite 229, 231; Groß / Platzer, NZA 2017, Seite 1097, 1103.
[308] Klein, MMR-Aktuell 2018, Seite 1; Groß / Platzer, NZA 2017, Seite 1097; https://www.zeit.de/politik/ausland/2018-04/eu-whistleblower-schutz-gesetz (aufgerufen am 29.07.2018).

L. Zusammenfassung der Ergebnisse in Thesenform

Abschließend erfolgt eine thesenartige Zusammenfassung der gewonnenen rechtlichen Erkenntnisse, um auf dieser Grundlage eine Gesamtwürdigung in der *Schlussbetrachtung mit eigener Stellungnahme* abzugeben.

- *Der Begriff Whistleblowing stammt aus dem anglo-amerikanischen Rechtskreis und bis heute existiert keine allgemein gültige Definition zur Begrifflichkeit.*

- *Whistleblowern sind keine gemeinsamen Charakteristika zuzuordnen, es gibt keine Whistleblower-Persönlichkeit, ebenso wenig wie es keine typische Whistleblowing-Situation gibt.*

- *Beim Aufdecken von Fehlverhalten gibt es drei verschiedene Möglichkeiten mit Missständen umzugehen (Ignorierung, Partizipation, Einmischung).*

- *Man unterscheidet Whistleblowing in verschiedene Erscheinungsformen (internes / externes) – hier kommt es auf den Adressaten an.*

- *Beim Whistleblowing stehen sich Arbeitgeberinteressen, Arbeitnehmerinteressen sowie das öffentliche Informationsinteresse gegenüber und bilden einen Spagat.*

- *Durch das im Rechtsstaatsprinzip verwurzelte Recht zur Strafanzeige, werden Hinweise auf Rechtsverstöße erfasst.*

- *Von der Verschwiegenheitspflicht des Arbeitnehmers sind keine Rechtsverstöße umfasst.*

- *Ob das Anzeigen eines Hinweises als pflichtwidrig einzustufen ist, muss anhand der Treue- und Loyalitätspflicht bemessen werden.*

- *Treuepflichten des Arbeitnehmers können durch den Arbeitgeber beschränkt werden, jedoch fällt der Geheimnisschutz in einem Whistleblowing-Konflikt nicht darunter, da kein Interesse daran besteht Rechtsverstöße geheim zu halten.*

- *Grundsätzlich genießt ein interner Abhilfeversuch zur Aufklärung von Missständen im Unternehmen Vorrang.*

- *Als möglicher Anzeigegegenstand kommen nur Rechtsverstöße in Betracht, da es ansonsten am Recht, welches durchgesetzt werden soll, mangelt.*

- *Damit Rechtsverstöße anzeigefähig sind, müssen sie im öffentlichen Allgemeininteresse liegen und nicht grob fahrlässig falsch sein – die Schwere des Verstoßes ist dabei irrelevant.*

- *Die Stellung des Whistleblower im Unternehmen sowie die Größe des Unternehmens, haben keine Auswirkungen auf die Anzeige von Missständen.*

- *Aufgrund fehlender gesetzlicher Regelungen beim Whistleblowing, kommt es bei der Rechtsprechung zur Anwendung von Richterrecht mit einem gewissen Ermessensspielraum, was für Deutschland untypisch ist und zu einem eigenen Gesetzesentwurf der Verfasserinnen in Kapitel H. II. 4. geführt hat.*

- *In anderen Ländern wie beispielsweise USA, Frankreich und Großbritannien werden Whistleblower gesetzlich geschützt.*

- *Weitere Maßnahmen zur Förderung von Whistleblowing (Qui tam-Verfahren, Vergütungsanreizsysteme) wurden vorgestellt, sind jedoch für Deutschland nicht empfehlenswert.*

- *Eine Studie aus dem Report to the Nations 2018 zeigt, dass 73 % der Männer und lediglich 27 % der Frauen zu Whistleblowern werden.*

- *Interne Meldesysteme in Unternehmen werden vermehrt eingeführt, was begrüßenswert ist.*

- *Bei der Implementierung von Meldesystemen spielt der Datenschutz eine wichtige Rolle, gerade im Hinblick auf die neue DS-GVO seit Mai 2018.*

- *Im April 2018 wurde ein neuer EU-Richtlinienentwurf der Kommission in Brüssel zum Whistleblower-Schutz vorgestellt, welche interessante Stärken aufweist, jedoch noch ausbaufähig erscheint.*

M. Schlussbetrachtung und Fazit mit eigener Stellungnahme

Zusammenfassend kann festgehalten werden, dass *Whistleblowing* ein weitreichendes und in einer heute von Profitgier betriebenen Gesellschaft, ein sehr brisantes Themengebiet mit einem hohen Maß an Diskussionsstoff ist. Hierbei handelt es sich um ein überaus facettenreiches und komplexes Phänomen, welchem eine vorschnelle, als auch eine undifferenzierte Bewertung nicht gerecht wird.

Vielleicht erscheint es auf den ersten Blick sehr schwer die vielen verschiedenen Facetten des *Whistleblowing* einzuordnen, doch mit Hilfe einer *eigenen Begriffsdefinition*, welche in *Kapitel B. II.* erarbeitet wurde und mit der Betrachtung der rechtlichen Einordnung auf *nationaler* und *internationaler Ebene*, ist das Thema zu verstehen und sehr interessant zu untersuchen. Wie die vorliegende Arbeit deutlich zeigt, haben sich die *Verfasserinnen* sehr innig mit der Thematik über einen langen Zeitraum befasst und rasch wie *Leisinger* erkannt, dass Whistleblowing eine *Ambivalenz* innewohnend hat.[309]

Wie bereits angesprochen, kann nicht verheimlicht werden, dass es in *Deutschland* keine Gesetze gibt, welche auch nur den Wortlaut *Whistleblowing* explizit erwähnen, geschweige denn, sich mit der Zulässigkeit von Whistleblowing auseinandersetzen. Die Thematik bleibt also weiterhin eine riskante Tugend. Mit Blick auf *andere europäische Länder*, bietet Deutschland hier ohne ein normiertes Anzeigerecht einem Hinweisgeber nach wie vor einen unzureichenden Schutzstandard.[310] Das verwundert, da Deutschland als ein Land für *civil law* bekannt ist und versucht, Recht so weit wie möglich zu normieren.

Aus diesem Grund haben sich die Verfasserinnen diese Gesetzeslücke zum Vorsatz genommen und unter *Punkt H. II. 4.* einen eigenen Gesetzesentwurf zur Thematik entwickelt. Würde nämlich das Anzeigerecht des Arbeitnehmers gegenüber Missständen im Unternehmen gesetzlich verankert werden, könnte dadurch mehr Rechtsklarheit und Rechtssicherheit in Bezug auf Whistleblowing in Deutschland sichergestellt werden unter dem Motto: *„We are under a Constitution AND the Constitution is, what the LAW say it*

---

[309] Leisinger, Whistleblowing und Corporate Reputation Management, 2003, Seite 73.
[310] Worth, Whistleblowing in Europe – Legal protection for Whistleblower in the EU 2013, Seite 8 ff.

is.[311] Zwar könnten gesetzliche Regelungen dem Whistleblowing-Dilemma nicht allein Herr werden, jedoch würde dadurch eine Signalwirkung geboten werden, welche dazu beiträgt, dass das Thema gesellschaftlich mehr geschätzt und nicht weiter verharmlost wird.

Ferner sollte es dem Hinweisgeber selbst überlassen werden, Missstände im Unternehmen auf *internem* oder *externem Weg* anzuzeigen und ihm Schutz gegen jegliche Benachteiligung bieten. Die Entscheidung, *öffentliche Stellen* einzuschalten, sollte dem Whistleblower ebenso nach dem *ultima ratio Prinzip* eröffnet werden, soweit *staatliche Behörden* keine bzw. unzureichende Abhilfe leisten.

Mit Blick auf die *europäische Ebene* hat im April 2018 die Kommission in Brüssel einen *EU-Richtlinienentwurf*[312] zum Whistleblower-Schutz vorgestellt, welcher interessante Ansätze aufweist und im *Kapitel K* beschrieben wurde. Dennoch muss angemerkt werden, dass die Verfasserinnen die Kommission dazu aufrufen, den *Entwurf* um weitere Rechts-gebiete zu ergänzen bevor er umgesetzt wird, da die bisher enthaltenen Mindeststandards für Deutschland keinen Mehrwert an Schutz und Rechtssicherheit bieten. Durch eine Ergänzung könnte die erwartete Abhilfe zum Whistleblower-Schutz bei Umsetzung geschaffen werden und Deutschland der Aufschwung gelingen. Wünschenswert wäre für die Zukunft, dass die EU hier einheitlich mit einer Vorbildfunktion voranschreitet, was bisher nur teilweise geglückt ist.

Der Verhältnismäßigkeitsgrundsatz: *„Whistleblowing ist zulässig, solange es nicht unverhältnismäßig ist"*[313] bietet zwar die Sicherung von Einzelfallgerechtigkeit, jedoch hat dieses Aussage auch eine abschreckende Wirkung, nämlich seine Rechte als Arbeitnehmer überhaupt auszuüben.[314] Konkret bedeutet das, dass die Thematik bis heute noch immer in vielerlei Hinsicht stark fristet. Zur Abhilfe dafür versuchte zwar die *Rechtsprechung* in seiner Entwicklung eine entsprechende Abwägungsarbeit mit diversen Lösungsansätzen in Form eines *Kriterienkatalogs* im Wege der richterlichen Rechtsfortbildung zu schaffen, dennoch ist zu sagen, dass eine Urteilsentscheidung nach wie vor vom Einzelfall abhängig ist. Konkret ist den *Verfasserinnen* bei jedem einzelnen

---

[311] Eigene Formulierung der Verfasserinnen.
[312] http://europa.eu/rapid/press-release_IP-18-3441_de.htm (aufgerufen am 29.07.2018).
[313] Deiseroth in: Müller-Heidelberg / Finckh / Steven / Habbe / u.a., Grundrechte-Report 2005, Seite 90, 94.
[314] Ebenda.

vorgestellten Urteil aufgefallen, dass es darauf ankommt, ob der Fokus auf die Person und das Verhalten des Whistleblower gelegt wird oder ob der Richter das Hauptaugenmerk auf die Konsequenzen des Handelns oder der Öffentlichkeit legt. Möchte man auf der einen Seite den *Arbeitnehmerinteressen* und auf der anderen Seite den *Interessen des Arbeitsgebers* sowie den *öffentlichen Interessen* der Gesellschaft gerecht werden, so steckt man schnell in einem Zwiespalt.

Daher sollte klar sein, dass sich der einzig richtige juristische Lösungsansatz daraus ergibt zu differenzieren, *wem* genau die Missstände im Unternehmen bekannt geworden sind, um anschließend die *Tiefe* bzw. *Schwere* der Rechtsverletzung zu ermitteln. Einen ähnlichen Lösungsansatz wie die *Verfasserinnen*, vertritt in diesem Zusammenhang auch *Müller* in der Literatur.[315]

Deutlich unproblematischer, wenn auch nicht im Detail ausgeführt, gestaltet sich die Rechtslage zum Thema *Whistleblowing* in den *USA*. Hier ist ein anderer Lösungsansatz im Umgang mit Arbeitnehmeranzeigen erkennbar, gerade in Bezug auf die existierenden Gesetzesvorschriften zum Schutz von Whistleblowern.

An dieser Stelle wird sehr deutlich, wie faszinierend bzw. erschreckend es erscheint, wie unterschiedlich andere Länder mit doch dem gleichen Problem umgehen. Während es in den *USA* tatsächlich dazu kommt, dass dort für Hinweise und das Anzeigen von Missständen in Unternehmen regelrecht geworben wird, tritt hingegen in *Deutschland* der Fall ein, dass ein Arbeitnehmer i.d.R. mit schweren *arbeits- und strafrechtlichen Konsequenzen* zu rechnen hat.[316] Noch immer wird das Thema in Deutschland als ein *denunzieren* oder *verpfeifen* in unserer Gesellschaft angesehen, hingegen von den *Amerikanern* als ein wertvolles Instrument zur Früherkennung von Missständen in Unternehmen. Daher trifft das Sprichwort: *„Reden ist Silber, Schweigen ist Gold"*[317] sehr gut auf die *deutsche Rechtskultur*, selbst wenn in Deutschland Unternehmen seit den

---

[315] Müller, NZA 2002, Seite 424, 436 f.
[316] Király, ZRP 2011, Seite 146.
[317] https://www.redensarten-index.de/suche.php?suchbegriff=~~Reden%20ist%20Silber,%20Schweigen %20ist%20Gold&bool=relevanz&gawoe=an&suchspalte%5B%5D=rart_ou&suchspalte%5B%5D=rart_ varianten_ou (aufgerufen am 29.07.2018).

letzten Jahren erfolgreich interne Unternehmenspraktiken implementiert haben, um Hinweisgebern die *Türen im Unternehmen* zu öffnen.[318]

Durch den verstärkten Ausbau von *Compliance-Maßnahmen* in Unternehmen besteht die Möglichkeit dem Thema *Whistleblowing* entgegen zu wirken, was durch die Schaffung einer akzeptierten Unternehmensethik oder durch Meldesysteme in Unternehmen erreicht werden kann und begrüßenswert ist.

Diese Möglichkeit bietet jedoch nicht nur für die Arbeitnehmer im Unternehmen einen gewissen Vorteil, auch der Arbeitgeber hat so die Möglichkeit internen Missständen vorzubeugen. Unter diesen Voraussetzungen kann nur jedem Unternehmen ans Herz gelegt werden, Meldesysteme in Unternehmen einzurichten, was als imagefördernd angesehen wird und für mehr Aufgeschlossenheit sorgt.

Als Schlusswort möchten die *Verfasserinnen* folgendes anmerken:

Der beste Schutz des Arbeitgebers, um Whistleblowing im eigenen Unternehmen zu vermeiden, ist und bleibt bis heute eine gesetzeskonforme Unternehmensführung! Weiter ist es wichtig, dass sich Unternehmen und zwar jedes Einzelne ins Gedächtnis ruft: *Whistleblowing dient als Beitrag zur Rechtsdurchsetzung in unserer Gesellschaft und stellt keinen Kündigungsgrund dar.*

---

[318] Buchert, CCZ 2008, Seite 148 f.; Moosmayer, Compliance, Praxisleitfaden für Unternehmen, 2015, Seite 112 ff.

Quellenverzeichnis

Kommentare

A

Ascheid, Reiner;
Preis, Ulrich;
Schmidt, Ingrid

Großkommentar zum Kündigungsrecht,
5., neu bearbeitete Auflage,
München 2017

D

Dreier, Horst

Kommentar zum Grundgesetz,
3., Auflage,
Tübingen 2013

E

Ehmann, Eugen;
Selmayr, Martin

Kommentar zur Datenschutz-Grundverordnung,
1., Auflage,
München 2017

G

Gola, Peter

Kommentar zur Datenschutz-Grundverordnung,
1., Auflage,
München 2017

Graf, Jürgen Peter

Kommentar zur Strafprozessordnung,
3., Auflage,
München 2018

J

Jarass, Hans D.;
Pieroth, Bodo

Kommentar zum Grundgesetz,
14., Auflage,
München 2016

Joecks, Wolfgang;
Miebach, Klaus

Münchner Kommentar zum Strafgesetzbuch,
3., Auflage,
München 2017

K

Krüger, Wolfgang;
Rauscher, Thomas

Münchner Kommentar zur Zivilprozessordnung,
II. Band §§ 355 - 945 b ZPO,
5., Auflage,
München 2016

Kühling, Jürgen;
Buchner, Benedikt

Kommentar zur Datenschutz-Grundverordnung,
1., Auflage,
München 2017

M

Maunz, Theodor; Dürig, Günter	Kommentar zum Grundgesetz, I. Band Art. 1 - 5 GG, 82., Auflage, München 2018
Meyer-Ladewig, Jens; Nettesheim, Martin; v. Raumer, Stefan	Handkommentar zur Europäischen Menschenrechtskonvention, 4., Auflage, Baden-Baden 2017
Müller-Glöge, Rudi; Preis, Ulrich; Schmidt, Ingrid	Erfurter Kommentar zum Arbeitsrecht, 18., neu bearbeitete Auflage, München 2018

S

Säcker, Jürgen; Rixecker, Roland; Oetker, Hartmut; Limperg, Bettina	Münchner Kommentar zum Bürgerlichen Gesetzbuch, 7., Auflage, München 2016
Stürner, Rolf	Jauernig – Kommentar zum Bürgerlichen Gesetzbuch, 16., neu bearbeitete Auflage, München 2015

V

v. Heintschel-Heinegg, Bernd	Kommentar zum Strafgesetzbuch, 2., Auflage, München 2015
v. Mangoldt, Hermann; Klein, Friedrich; Starck, Christian	Kommentar zum Grundgesetz, 7., Auflage, München 2018

Lehrbücher

D

du Plessis, Jean J.;
Großfeld, Bernhard;
Luttermann, Claus;
Saenger, Ingo;
u.a.

German Corporate Governance in
International and European Context,
3., Auflage,
Berlin 2017

F

Forgó, Nikolaus;
Helfrich, Marcus;
Schneider, Jochen

Betrieblicher Datenschutz,
Rechtshandbuch,
2., Auflage,
München 2017

H

Hauschka, Christoph E.;
Moosmayer, Klaus;
Lösler, Thomas

Corporate Compliance,
Handbuch der Haftungsvermeidung im Unternehmen,
3., überarbeitete und erweiterte Auflage,
München 2016

K

Kiel, Heinrich;
Lunk, Stefan;
Oetker, Hartmut

Münchner Handbuch zum Arbeitsrecht,
Band 1 – Individualarbeitsrecht I,
4., Auflage,
München 2018

Küttner, Wolfdieter

Personalbuch 2018,
Arbeitsrecht – Lohnsteuerrecht – Sozialversicherungsrecht,
25., vollständig neu bearbeitete Auflage,
München 2018

L

Leisinger, Klaus M.

Whistleblowing und Corporate Reputation Management,
Wirtschafts- und Unternehmensethik,
1., Auflage,
München / Mering 2003

Lelley, Jan Tibor

Compliance im Arbeitsrecht – Leitfaden für die Praxis,
1., Auflage,
Köln 2010

Lewis, David B.

A Global Approach to Public Interest Disclosure –
What can we learn from existing whistleblowing
legislation and research?,
1., Auflage,
Cheltenham 2010

Lewis, David B.

Whistleblowing at Work,
1., Auflage,
London 2001

Lewis, Jeremy;
Bowers QC, John;
Fodder, Martin;
Mitchell, Jack

Whistleblowing,
Law and Practice,
3., Auflage,
Oxford 2017

Lingemann, Stefan;
v. Steinau-Steinrück, Robert;
Mengel, Anja

Employment & Labor Law in Germany,
4., Auflage,
München 2016

Lipman, Frederick D.

Whistleblower,
Incentives, Disincentives, and Protection Strategies,
1., Auflage,
New Jersey 2012

M
Mengel, Anja

Compliance und Arbeitsrecht,
1., Auflage,
München 2009

Miethe, Terance D.

Whistleblowing at Work: tough choices in exposing
fraud, waste and abuse on the job,
1., Auflage,
Boulder / Colorado 1999

Moosmayer, Klaus

Compliance,
Praxisleitfaden für Unternehmen,
3., Auflage,
München 2015

P
Peitscher, Stefan

Anwaltsrecht,
2., Auflage,
Baden-Baden 2017

T
Thüsing, Gregor

Beschäftigtendatenschutz und Compliance,
2., Auflage,
München 2014

R
Rohde-Liebenau, Björn

Whistleblowing Rules: Best Practice, Assessment
and Revision of Rules Existing in EU Institutions,
1., Auflage,
Brüssel 2006

Rothschild, Joyce; Miethe, Terance D.	Whistle-Blower Disclosures and Management Retaliation, 1., Auflage, Virginia / Las Vegas 1999

S

Schaub, Günter; Koch, Ulrich	Arbeitsrecht von A-Z, 22., überarbeitete Auflage, München 2018
Schaub, Günter	Arbeitsrechts-Handbuch, 17., neu bearbeitete Auflage, München 2017

V

van den Wyngaert, Christine	The protection of the financial interests of the EU in the candidate states: perspectives on the future of judicial integration in Europe, 1., Auflage, Trier 2001

W

Wendeling-Schröder, Ulrike	Autonomie im Arbeitsrecht – Möglichkeiten und Grenzen eigenverantwortlichen Handelns in der abhängigen Arbeit, 1., Auflage, Frankfurt am Main 1994

Monographien

A

Abraham, Jens — Whistleblowing – Neue Chance für eine Kurswende!?, *in:* ZRP 2012, Seite 11 ff.

B

Barriére, François — Entreprise et Affaires, *in:* La Semaine Juridique 2011, Seite 1527 ff.

Benne, Rainer — Whistleblowing – Wenn Wissen Sensibilität erfordert, *in:* CCZ 2014, Seite 189 ff.

Berkowsky, Wilfried — Die verhaltensbedingte Kündigung, *in:* NZA-RR 2001, Seite 1 ff.

Berndt, Thomas; Hoppler, Ivo — Whistleblowing – Ein integraler Bestandteil Effektiver Corporate Governance, *in:* BB 2005, Seite 2623 ff.

Böse, Martin; Sternberg-Lieben, Martin — Festschrift für Knut Amelung zum 70. Geburtstag, *in:* FS 2009, Seite 617 ff.

Buchert, Rainer — Der Irrweg der EU-Kommission – Zu den Überlegungen über die Einführung einer staatliche Whistleblower-Prämie, *in:* CCZ 2013, Seite 144 ff.

Der externe Ombudsmann – Ein Erfahrungsbericht Hinweisgeber brauchen Vertrauen und Schutz, *in:* CCZ 2008, Seite 148 ff.

Bueren, Eckart — Prämien für Whistleblower im Kartellrechtsvollzug, *in:* ZWeR 2012, Seite 310 ff.

Bürkle, Jürgen — Weitergabe von Informationen über Fehlverhalten in Unternehmen (Whistleblowing) und Steuerung auftretender Probleme durch ein Compliance-System, *in:* DB 2004, Seite 2158 ff.

C

Casper, Matthias — Whistleblowing zwischen Denunziantentum und integralem Baustein von Compliance-Systemen, *in:* FS Liber amicorum für Martin Winter, Seite 77 ff.

D

Deinert, Olaf

Ethik, Whistleblower und Mitbestimmung,
in: AuR 2008, Seite 90 f.

Deiseroth, Dieter

Verfassungsgerichtliche Vorgaben für das
Kündigungsschutzrecht bei Anzeigen gegenüber
der Staatsanwaltschaft,
in: AuR 2002, Seite 161 ff.

Deiseroth, Dieter;
Derleder, Peter

Whistleblower und Denunziatoren,
in: ZRP 2008, Seite 248 ff.

Döse, Annegret

Arbeitnehmerschutz bei Whistleblowing –
Weiterhin eine offene Flanke,
in: AuR 2009, Seite 189 ff.

E

Egger, Matthes

Hinweisgebersysteme und Informantenschutz,
in: CCZ 2018, Seite 126 ff.

Eufinger, Alexander

Arbeitgeberseitiger Umgang mit Whistleblower-
Hinweisen,
in: DB 2018, Seite 891 ff.

Verletzung der Fürsorgepflicht durch arbeitgeberseitiges
Whistleblowing,
in: NZA 2017, Seite 619 ff.

F

Fahrig, Stephan

Verhaltenskodex und Whistleblowing im Arbeitsrecht,
in: NJOZ 2010, Seite 975 ff.

Fleischer, Holger;
Schmolke, Klaus U.

Finanzielle Anreize für Whistleblower im
Europäischen Kapitalmarktrecht?,
in: NZG 2012, Seite 361 ff.

Forst, Gerrit

Whistleblowing im Gesundheitswesen,
in: SGb 2014, Seite 413 ff.

Whistleblowing im internationalen Vergleich –
Was kann Deutschland von seinen Nachbarn lernen?,
in: EuZA 2013, Seite 37 ff.

Strafanzeige gegen den Arbeitgeber –
Grund zur Kündigung des Arbeitsvertrags?,
in: NJW 2011, Seite 3277 ff.

G
Groß, Nadja;
Platzer, Matthias

Whistleblowing: Keine Klarheit beim Umgang mit
Informationen und Daten,
in: NZA 2017, Seite 1097 ff.

H
Helm, Leon

Whistleblowing im Finanzaufsichtsrecht –
Ein Überblick,
in: BB 2018, Seite 1538 ff.

Hemeling, Peter

Compliance im Erst- und Rückversicherungsunternehmen,
in: CCZ 2010, Seite 21 ff.

K
Király, Andrei

Whistleblower in Deutschland und Großbritannien –
Lehren aus dem Fall Heinisch,
in: RdA 2012, Seite 236 ff.

Der rechtliche Schutz von Whistleblowern,
in: ZRP 2011, Seite 146 ff.

Kesselheim, Aaaron S.;
Studdert, David M.;
Mello, Michelle M.

Whistle-Blowers´ Experiences in Fraud Litigation
against Pharmaceutical Companies,
in: NEJM 2010, Seite 1832 ff.

Klein, Sebastian

EU-Kommission: Vorschlag einer Whistleblowing-
Richtlinie,
in: MMR-Aktuell 2018, 406237, Seite 1 ff.

Koch, Arnd

Korruptionsbekämpfung durch Geheimnisverrat?,
Strafrechtliche Aspekte des Whistleblowing,
in: ZIS 2008, Seite 500 ff.

Kölbel, Ralf

Abrechnungsbetrug im Krankenhaus –
Erste wirtschaftsstrafrechtliche und -kriminologische
Überlegungen,
in: NStZ 2009, Seite 312 ff.

Zur wirtschaftsrechtlichen Institutionalisierung des
Whistleblowing,
in: JZ 2008, Seite 1134 ff.

Kölbel, Ralf;
Herold, Nico

Whistleblowing – Eine kriminologische Analyse aus
Anlass der aktuellen kriminalpolitischen Debatte,
in: MSchrKrimm 2010, Seite 424 ff.

L

Leuchten, Alexius

Der gesetzliche Schutz für Whistleblower rückt näher,
in: ZRP 2012, Seite 142 ff.

Lewis, David B.;
Homewood, Stephen

Five Years of the Public Interest Disclosure Act in the
UK: Are whistleblower adequately protected?,
in: Web JCLI 2004, Seite 1 ff.

Löw, Hans-Peter

Standpunkt,
in: BB 2008, Seite 1449

M

Marsch-Barner, Reinhard

Corporate Whistleblowing,
in: ZHR 181 2017, Seite 847 ff.

Mengel, Anja;
Hagemeister, Volker

Compliance und arbeitsrechtliche Implementierung
im Unternehmen,
in: BB 2007, Seite 1386 ff.

Momsen, Carsten;
Grützner, Thomas;
Oonk, Andreas

Whistleblowing als außerordentlicher Kündigungsgrund?,
in: ZIS 2011, Seite 754 ff.

Müller, Michael

Whistleblowing – Ein Kündigungsgrund?,
in: NZA 2002, Seite 424 ff.

O

Oberrath, Herbert

Schweigen ist Gold? – Rechtliche Vorgaben für den
Umgang des Arbeitnehmers mit seiner Kenntnis über
Rechtsverstöße im Betrieb,
in: NZA 2005, Seite 193 ff.

P

Paschke, Marian;
Jessen, Henning

Effektivere Rechtsdurchsetzung im schiffsbezogenen
Umweltrecht durch Whistleblower?,
in: RdTW 2015, Seite 1 ff.

Peter, Gabriele;
Rohde-Liebenau, Björn

Kündigung wegen Strafanzeige,
in: AuR 2004, Seite 427 ff.

Whistleblowing – Ein neues Thema für die Betriebsratsarbeit,
in: AiB 2004, Seite 615 ff.

R

Raus, Nadja;
Lützeler, Martin

Berichtspflicht des Compliance Officers – Zwischen
interner Eskalation und externer Anzeige,
in: CCZ 2012, Seite 96 ff.

Reinhardt-Kasparek, Sarah;
Kaindl, Gerd

Whistleblowing und die EU-Geheimnisschutzrichtlinie –
Ein Spannungsverhältnis zwischen Geheimnisschutz
und Schutz der Hinweisgeber?,
in: BB 2018, Seite 1332 ff.

Reiter, Christian

Der Schutz des Whistleblower nach dem Sarbanes-
Oxley Act im Rechtsvergleich und im internationalen
Arbeitsrecht,
in: RIW 2005, Seite 168 ff.

Reufels, Martin J.;
Deviard, Katja

Die Implementierung von Whistleblower-Hotlines aus
US-amerikanischer, europäischer und deutscher Sicht,
in: CCZ 2009, Seite 201 ff.

Rudkowski, Lena

Kernprobleme einer gesetzlichen Regelung zum
Schutz von Whistleblowern,
in: CCZ 2013, Seite 204 ff.

S
Schaupensteiner, Wolfgang J.

Rechtstreue im Unternehmen –
Compliance und Krisenmanagement,
in: NZA 2011, Beilage 1/2011, Seite 8 ff.

Schmitt, Laura

Whistleblowing revisted –
Anpassungs- und Regelungsbedarf im deutschen Recht,
in: RdA 2017, Seite 365 ff.

Schulz, Georg-R.

Whistleblowing –
Plädoyer für ein Hinweisgeberschutzgesetz,
in: ArbRAktuell 2017, Seite 10 ff.

Schulz, Mike

Compliance – Internes Whistleblowing,
Die Verpflichtung zur Meldung von Fehlverhalten
Dritter aus den arbeitsvertraglichen Nebenpflichten,
in: BB 2011, Seite 629 ff.

Schürrle, Thomas;
Fleck, Franziska

Whistleblowing Unlimited –
Der U.S. Dodd-Frank-Act und die neuen Regeln
der SEC zum Whistleblowing,
in: CCZ 2010, Seite 218 ff.

Simon, Oliver;
Schilling, Jan Moritz

Kündigung wegen Whistleblowing?,
in: BB 2011, Seite 2421 ff.

Stein, Peter

Die rechtsmissbräuchliche Strafanzeige,
in: BB 2004, Seite 1961 ff.

U
Ulber, Martin

Whistleblowing und der EGMR,
in: NZA 2011, Seite 962 ff.

V

v. Busekist, Konstantin;
Fahrig, Stephan

Whistleblowing und der Schutz von Hinweisgebern,
in: BB 2013, Seite 119 ff.

W

Walk, Frank

Außerordentliche Kündigung wegen „Whistleblowing"
verletzt Freiheit der Meinungsäußerung,
in: GWR 2011, Seite 453 f.

Wiedmann, Michael;
Greubel, Marco

Whistleblowing – Schutzmaßnahmen im neuen
Richtlinienvorschlag der Europäischen Kommission,
in: Newsdienst Compliance 2018, 72003, Seite 1 ff.

Wisskirchen, Gerlind;
Körber, Anke;
Bissels, Alexander

"Whistleblowing" und "Ethikhotlines",
in: BB 2006, Seite 1567 ff.

Wrase, Silvelyn;
Fabritius, Christoph

Prämien für Hinweisgeber bei Kartellverstößen?,
in: CCZ 2011, Seite 69 ff.

Wybitul, Tim

Welche Folgen hat die EU-Datenschutz-Grundverordnung
für Compliance?,
in: CCZ 2016, Seite 194 ff.

Reports

B

Blumer, Helene;   Whistleblowing Report 2018,
Dahinden, Urs;   Chur (Schweiz)
Francolino, Vincenzo;
Nieffer, Ruth

D

Dorris, Bruce   Report to the Nations 2018,
                       Austin (USA)

F

Freshfields Bruckhaus Deringer   Global whistleblowing survey 2014:
                                        Fair game or foul play?,
                                        London (Großbritannien)

M

Müller-Heidelberg, Till;   Grundrechte-Report 2005,
Finckh, Ulrich;   Frankfurt am Main (Deutschland)
Steven, Elke;
Habbe, Heiko;
u.a.

P

Pricewaterhouse Coopers (PwC)   Studie zur Wirtschaftskriminalität 2018,
                                       Halle-Wittenberg (Deutschland)

S

Soeken, Karen L.;   A survey of whistleblower:
Soeken, Donald R.   Their stressor and coping strategies 1986,
                           Laurel (USA)

W

Worth, Mark   Whistleblowing in Europe – Legal protection for
                     Whistleblower in the EU 2013,
                     Transparency International,
                     Berlin (Deutschland)

Internetquellen

A

ACFE - Association of Certified Fraud Examiners: Report to the Nations,
Herausgegeben in 2018,
URL: https://s3-us-west-2.amazonaws.com/acfepublic/2018-report-to-the-nations.pdf,
(Download am 05.07.2018)

Ariva, Handelsblatt: EU-Kommission will Whistleblower-Prämie einführen,
Artikel vom 25.10.2012,
URL: https://www.ariva.de/news/eu-kommission-will-whistleblower-praemie-einfuehren-4313367,
(Download am 02.07.2018)

D

Der Tagesspiegel: EU will besseren Schutz für Whistleblower,
Artikel vom 20.04.2018,
URL: https://www.tagesspiegel.de/politik/bruessel-eu-will-besseren-schutz-fuer-whistleblower/21198902.html,
(Download am 29.07.2018)

Dok Zentrum ans Tageslicht: Der Fall Dr. Margit Herbst – eine Chronologie,
Artikel vom 10.10.2015,
URL: https://www.anstageslicht.de/themen/gesundheit/margrit-herbst-kampf-gegen-bse/chronologie-dr-margit-herbst-im-kampf-gegen-bse/,
(Download am 05.07.2018)

Dr. Buchert & Partner: Homepage: Mandate,
URL: https://www.ombudsperson-frankfurt.de/de/mandate/,
(Download am 31.07.2018)

E

EU – Europäische Kommission: EU-Kommission will Whistleblower besser schützen,
Artikel vom 23.04.2018,
URL: https://ec.europa.eu/germany/news/whistleblower20180423_de,
(Download am 29.07.2018)

EU – Europäische Kommission: Schutz von Hinweisgebern: Kommission schafft neue,
EU-weite Regeln,
Artikel vom 23.04.2018,
URL: http://europa.eu/rapid/press-release_IP-18-3441_de.htm,
(Download am 29.07.2018)

F

Focus Online: Bremer BAMF soll wieder ans Netz, Ex-Leiterin reicht Verfassungsbeschwerde wegen Versetzung ein,
Artikel vom 22.07.2018,
URL: https://www.focus.de/politik/deutschland/bamf-skandal-im-news-ticker-bremer-
bamf-soll-wieder-ans-netz-ex-leiterin-reicht-verfassungsbeschwerde-wegen-versetzung-
ein_id_9293157.html,
(Download am 29.07.2018)

G

G20 Anti-Corruption Action Plan Protection of Whistleblowers: Study on Whistleblower
Protection Frameworks, Compendium of Best Practices and Guiding Principles for
Legislation,
URL: https://www.oecd.org/g20/topics/anti-corruption/48972967.pdf,
(Download am 31.07.2018)

H

Handelsblatt: Justizministerin erwartet Whistleblower-Debatte,
Artikel vom 22.07.2011,
URL: https://www.handelsblatt.com/justizministerin-erwartet-whistleblower-
debatte/4420694.html,
(Download am 24.04.2018)

K

Kino: Insider – Brisanter authentischer Thriller um skandalöse Praktiken großer Industrie-
und Medienkonzerne und dem Kampf zweier Männer für Integrität und Gerechtigkeit,
Kinostart am 27.04.2000,
URL: https://www.kino.de/film/insider-1999/,
(Download am 05.07.2018)

Kino: Silkwood – Verfilmung der authentischen Tragödie der Gewerkschaftlerin Karen
Silkwood mit Kurt Russel,
Kinostart am 06.04.1984,
URL: https://www.kino.de/film/silkwood-1982/,
(Download am 05.07.2018)

M

Manager Magazin: Whistleblowing - Selbstmord auf Raten,
Artikel vom 18.08.2008,
URL: https://www.manager-magazin.de/magazin/artikel/a-562441-7.html,
(Download am 22.06.2018)

P

PwC - Pricewaterhouse Coopers GmbH Wirtschaftsprüfungsgesellschaft –
Wirtschafskriminalität 2018 – Mehrwert von Compliance – forensische Erfahrungen,
Herausgegeben in 2018,
URL: https://www.pwc.de/de/risk/pwc-wikri-2018.pdf,
(Download am 17.07.2018)

R

Redensarten-Index – „Den Stein ins Rollen bringen",
URL: https://www.redensarten-index.de/suche.php?suchbegriff=~~den%20Stein%20ins
%20Rollen%20bringen&bool=relevanz&gawoe=an&suchspalte%5B%5D=rart_ou&suchs
palte%5B%5D=rart_varianten_ou,
(Download am 29.07.2018)

Redensarten-Index – „Reden ist Silber Schweigen ist Gold",
URL: https://www.redensarten-index.de/suche.php?suchbegriff=~~Reden%20ist%20
Silber,%20Schweigen%20ist%20Gold&bool=relevanz&gawoe=an&suchspalte%5B%5D
~rart_ou&suchspalte%5B%5D=rart_varianten_ou,
(Download am 29.07.2018)

S

Siemens: Homepage: Compliance Hotline „Tell Us",
URL: https://www.siemens.com/contact/en/compliance.htm,
(Download am 31.07.2018)

Soapboxie: Hugher´Hubris: Is the Constitution „What the Judges Say It Is"?,
Artikel vom 21.12.2017,
URL: https://soapboxie.com/government/Hughes-Hubris,
(Download am 06.07.2018)

Spiegel Online: Chronologie der Bamf-Affäre – Wer wusste was-und wann?,
Artikel vom 23.05.2018,
URL: http://www.spiegel.de/politik/deutschland/bamf-affaere-chronologie-der-vorgaenge-
in-bremen-a-1208900.html,
(Download am 29.07.2018)

Springer Link: The Identifiable Victim Effect: Using an Experimental-Causal-Chain
Design to Test for Mediation,
Artikel vom 28.02.2017,
URL: https://link.springer.com/article/10.1007/s12144-017-9570-3,
(Download am 31.07.2018)

Stanford Encyclopedia of Philosophy: Layalty,
Artikel vom 16.10.2017,
URL: https://plato.stanford.edu/entries/loyalty/,
(Download am 10.07.2018)

Statista: Illegale Praktiken am Arbeitsplatz,
Artikel vom 15.06.2017,
URL: https://de-statista-com.ezproxy.hwr-berlin.de/infografik/9822/illegale-praktiken-im-
unternehmen-die-arbeitnehmer-melden-wuerden/,
(Download am 10.07.2018)

Süddeutsche Zeitung: EU will Whistleblower besser schützen,
Artikel vom 17.04.2018,
URL: https://www.sueddeutsche.de/wirtschaft/eu-bruessel-whistleblower-schutz-
1.3946256,
(Download am 29.07.2018)

T

The Guardian: Interview: Edward Snowden, NSA files source: "If they want to get you, in
time they will",
Interview vom 06.06.2013,
URL: https://www.theguardian.com/world/2013/jun/09/nsa-whistleblower-edward-
snowden-why,
(Download am 22.06.2018)

The New York Times: ON LANGUAGE; BLOWING MY WHISTLE,
Artikel vom 06.02.1983,
URL: https://www.nytimes.com/1983/02/06magazine/on-language-blowing-my-
whistle.html,
(Download am 30.06.2018)

Thyssenkrupp: Homepage: Whistleblower-Hotlines,
URL: https://www.thyssenkrupp.com/de/konzern/whistleblower_system.html,
(Download am 22.06.2018)

Time: Person of the Year: A Photo History, The Whistleblowers: 2002,
Herausgegeben in 2002,
URL: https://content.time.com/time/specials/packages/article/0,28804,2019712_
2019710_2019677, 00.htm,
(Download am 05.07.2018)

W

Whistleblower-Netzwerk e.V.: Chronologische Übersicht über offizielle Gesetzgebungs-
initiativen und Vorschläge zu Whistleblowing in Deutschland,
Herausgegeben in 2014,
URL: https://www.whistleblower-net.de/was-wir-wollen/gesetzliche-
regelungen/chronologische-uebersicht-uber-offizielle-gesetzgebungsinitiativen-und-
vorschlage-zu-whistleblowing-in-deutschland/,
(Download am 02.07.2018)

Whistleblower-Netzwerk e.V.: Entwurf einer EU-Richtlinie zum Whistleblower-Schutz,
Artikel vom 23.04.2018,
URL: https://www.whistleblower-net.de/blog/2018/04/23/entwurf-einer-eu-richtlinie-
zum-whistleblower-schutz/,
(Download am 29.07.2018)

Whistleblower-Netzwerk e.V.: Formen – Unterscheidung nach dem Adressaten,
URL: https://www.whistleblower-net.de/whistleblowing/whistleblowing-im-
detail/formen/,
(Download am 26.06.2018)

Whistleblower-Netzwerk e.V.: Stellungnahme des Whistleblower-Netzwerk e.V. zu dem gemeinsamen Vorschlag des BMAS, BMELV, BMJ für eine gesetzliche Verankerung des Informantenschutzes für Arbeitnehmer im Bürgerlichen Gesetzbuch (§ 612 a n.F. BGB), Herausgegeben in 2008, URL: https://www.fairness-stiftung.de/pdf/WBNW_zu_612a.pdf, (Download am 22.06.2018)

Z

Zeit Online: Bremer Führung laut Bericht seit Jahren über Missstände informiert, Artikel vom 02.06.2018, URL: https://www.zeit.de/politik/deutschland/2018-06/hamf-affaere-asylverfahren-mitwisser-bremen-fuehrungskraefte, (Download am 29.07.2018)

Zeit Online: EU-Kommission will Whistleblower besser schützen, Artikel vom 23.04.2018, URL: https://www.zeit.de/politik/ausland/2018-04/eu-whistleblower-schutz-gesetz, (Download am 29.07.2018)